本书获 2021 年度浙江省哲学社会科学规划后期资助，课题编号为：21HQZZ032YB

浙江省哲学社会科学规划
后期资助课题成果文库

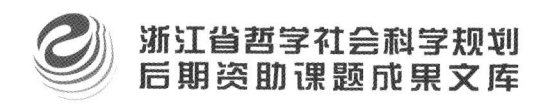

汉语"人际支持性"言语行为标记研究

张光华 著

中国社会科学出版社

图书在版编目(CIP)数据

汉语"人际支持性"言语行为标记研究/张光华著.—北京:中国社会科学出版社,2022.4

(浙江省哲学社会科学规划后期资助课题成果文库)

ISBN 978-7-5227-0175-2

Ⅰ.①汉… Ⅱ.①张… Ⅲ.①汉语—言语行为—研究 Ⅳ.①H119

中国版本图书馆CIP数据核字(2022)第074842号

出 版 人	赵剑英
责任编辑	宫京蕾
特约编辑	李晓丽
责任校对	秦 婵
责任印制	李寡寡

出　　版	中国社会科学出版社
社　　址	北京鼓楼西大街甲158号
邮　　编	100720
网　　址	http://www.csspw.cn
发 行 部	010-84083685
门 市 部	010-84029450
经　　销	新华书店及其他书店

印刷装订	北京君升印刷有限公司
版　　次	2022年4月第1版
印　　次	2022年4月第1次印刷

开　　本	710×1000 1/16
印　　张	13
插　　页	2
字　　数	213千字
定　　价	68.00元

凡购买中国社会科学出版社图书,如有质量问题请与本社营销中心联系调换
电话:010-84083683

版权所有　侵权必究

前　言

自奎克（Randolph Quirk）在1953年开始对日常话语中经常出现的标记（signals）研究以来，话语标记的研究已经经历了60多年的历史，特别是20世纪80年代后相关研究大量出现，形成了以希夫林（Deborah Schiffrin）为代表的连贯视角、以弗雷泽（Bruce Fraser）为代表的语用视角和以布莱克莫尔（Diane Blakemore）为代表的关联视角等不同的研究范式，研究的对象语言也从英语扩展到其他不同的语言。

汉语话语标记的研究自21世纪初大量出现，直到目前仍然是语言学界研究的一个热点，从最初的理论介绍到逐步深入地对汉语话语标记功能和用法进行探索，也取得了丰硕的成果。但已有研究中也存在一些问题，比如：注重借鉴国外理论而忽视本土的理论创新；对术语的界定不清，使用混乱；过多地对具体标记的功能和用法进行探讨，而缺乏在统一理论框架指导下的系统的分析，因而很难形成对汉语话语标记功能的系统连贯、层次分明的整体性认识。

本书针对这些问题，以具有人际功能的话语标记成分（我们在本书所采用的理论框架下称之为"人际支持性"言语行为标记）为研究对象，采用自上而下的假设—演绎和自下而上的整理—归纳相结合的方法，从整体上构建这些标记性成分的功能分析框架，再结合对具体语料的分析，进一步对其细化与完善，进而形成一个逻辑连贯、层次分明的分析框架。本书以语言元功能理论和"新言语行为分析"为理论基础，把语言看作一种行为过程，以此为出发点从言语行为的核心概念到与本研究相关的工具性范畴进行层层推衍，结合对具体语料的分析，最后形成系统连贯、层次分明的分析框架，既特色鲜明，又丰富和拓展了前人的相关研究。

目 录

第一章 绪论 ………………………………………………………………（1）
  第一节 问题的提出 …………………………………………………（1）
  第二节 相关研究现状分析 …………………………………………（2）
    一 国外相关研究概况 …………………………………………（2）
    二 国内相关研究概况 …………………………………………（12）
    三 已有研究中存在的问题 ……………………………………（18）
  第三节 研究意义 ……………………………………………………（19）
  第四节 研究目标、方法及语料来源 ………………………………（20）
  第五节 本书的结构安排 ……………………………………………（21）

第二章 理论基础 ………………………………………………………（22）
  第一节 语言元功能理论 ……………………………………………（22）
  第二节 "新言语行为分析" …………………………………………（24）
    一 传统的言语行为理论 ………………………………………（24）
    二 "新言语行为分析" …………………………………………（30）
  第三节 小结 …………………………………………………………（34）

第三章 "人际支持性"言语行为标记的功能描写模型 ……………（36）
  第一节 "人际支持性"言语行为标记的界定 ……………………（36）
    一 "人际支持性"言语行为标记的定义 ……………………（36）
    二 "人际支持性"言语行为标记与话语标记、语用标记及
       元话语标记的关系 …………………………………………（39）
    三 "人际支持性"言语行为标记与言语行为类型的关系 …（42）
  第二节 "人际支持性"言语行为标记的功能描写模型 …………（43）
  第三节 小结 …………………………………………………………（50）

第四章 宣示标记 ………………………………………………………（51）
  第一节 情感宣示标记 ………………………………………………（54）

第二节　观点宣示标记 ……………………………………（70）
　　　一　判断标记 ………………………………………………（72）
　　　二　推论标记 ………………………………………………（79）
　　　三　评价标记 ………………………………………………（86）
　　　四　强调标记 ………………………………………………（91）
　　　五　言说方式标记 …………………………………………（99）
　　　六　认识立场标记 …………………………………………（107）
　　第三节　小结 …………………………………………………（113）
第五章　回应标记 …………………………………………………（116）
　　第一节　肯定标记 ……………………………………………（118）
　　第二节　否定标记 ……………………………………………（122）
　　第三节　修正标记 ……………………………………………（130）
　　第四节　解释标记 ……………………………………………（134）
　　第五节　小结 …………………………………………………（140）
第六章　求应标记 …………………………………………………（141）
　　第一节　寻求注意标记 ………………………………………（143）
　　第二节　寻求观点标记 ………………………………………（150）
　　第三节　寻求情感认同标记 …………………………………（153）
　　　一　拉近距离标记 …………………………………………（153）
　　　二　维护面子标记 …………………………………………（162）
　　第四节　寻求行为回应标记 …………………………………（168）
　　　一　建议标记 ………………………………………………（168）
　　　二　批评标记 ………………………………………………（169）
　　　三　警告标记 ………………………………………………（171）
　　第五节　小结 …………………………………………………（175）
第七章　结论和余论 ………………………………………………（177）
　　第一节　结论 …………………………………………………（177）
　　第二节　余论 …………………………………………………（183）
参考文献 ……………………………………………………………（185）

第一章

绪 论

第一节 问题的提出

在日常话语中，经常出现"你知道""不是我说你""不是我批评你"等表达式，这些表达式不改变话语的命题意义，但能够对言语交际双方的互动发挥重要作用。对此，语言学界已经做了很多相关的研究，现有的研究大多是从语法学、句法学出发，或者从语用学出发，使用的术语有话语标记、语用标记或元话语标记等，而所谓从语用学出发的研究其实也没有一个明确支撑它们的语用理论框架，实际上就变成也是从句法出发的研究。在已有的研究中，大多倾向于探讨某些具体标记的功能和用法，缺乏对这一语言现象全面的、系统性的分析，甚至在术语的使用上也缺乏统一、清晰的认识。在分析已有研究的基础上，我们提出以下问题：

问题一：既有研究大多着力于"……的话""不是我说你"之类具体现象的分析，则系统的分析何以有效展开？

问题二：既有研究通常依据系统功能语言学中语言具有"概念功能""语篇功能""人际功能"三大"元功能"的理论，将句子看作"概念功能"的载体，而将"话语标记"看作"人际功能"和"语篇功能"的载体，这一流行的认识是否准确？"话语标记"是否也可能成为"概念功能"的载体？

问题三：既有研究通常依据语法学而展开，然而无论是"话语"还是"话语标记"在本质上都不仅仅是一种句法现象而更多的属于一种"言语行为"现象，那么依据"言语行为"理论的分析是否可能，如何展开？

问题四：什么样的言语行为理论模型能够支持对于"话语标记"问

题的系统性考察?

第二节　相关研究现状分析[①]

一　国外相关研究概况

(一) 术语使用

这些表达式在话语分析、语用学、社会语言学以及传播学等不同的领域里都是重要的研究对象,所以对它们的研究是在不同的学术领域和学术框架里进行的,这些框架反映了不同的研究兴趣、目标和方法,以致研究者在基本的术语使用方面也不能达成一致。进而,在关于这些表达式是句法范畴还是语用范畴,具体包括哪些表达式,所使用的术语(话语标记、话语连接词、语用标记、语用小品词等)之间的关系等方面也不能达成共识(Lewis, 2011)。

已有文献中提到的相关术语有几十种,布林顿(Brinton, 1996)在《英语中的语用标记:语法化和话语功能》(*Pragmatic Markers in English: Grammaticalization and Discourse Functions*)一书中列举了二十多种相关的术语,比如:话语标记(discourse markers)、语用标记(pragmatic markers)、评论短语(comment clause)、连接词(connective)、接续词(continuer)、话语连接词(discourse connective)、话语指示项(discourse deictic item)、话语操作语(discourse operator)、话语小品词(discourse particle)、话语转换标记(discourse-shift marker)、话语词(discourse word)、填充词(filler)、开场语(gambit)、模糊语(hedge)、起始语(initiator)、插入语(interjection)、标记(marker)、语用结构标记(marker of pragmatic structure)、插入短语(parenthetic phrase)、语用连接词(pragmatic connective)、语用表达式(pragmatic expression)、语用小品词(pragmatic particle)、回应标记(reaction signal)等。朱克和齐夫(Jucker & Ziv, 1998)在《话语标记》(*Discourse markers*)一书中列举了其他相关的名称,如:话语连接语(discourse connectors)、话论转换语

[①] 本节部分内容曾以《话语标记研究三十五年:综述与展望》为题,发表于《中国修辞 2019》(胡范铸、鞠玉梅主编,2020年,学林出版社)。

(turn-takers)、确认寻求语（confirmation-seekers）、亲密信号语（intimacy signals）、话题转换语（topic switchers）、犹豫标记（hesitation markers）、边界标记（boundary markers）、填充语（fillers）、提示语（prompters）、修复标记（repair markers）、态度标记（attitude markers）、模糊标记（hedging devices）等。

在这些术语中，影响力最大、最广为接受的是"话语标记"。研究"话语标记"的代表性人物是希夫林，她于1987年出版了专著《话语标记》（*Discourse Markers*），在书中她采用社会语言学的研究方法，从社会互动和话语连贯的视角出发对这些语言成分进行了系统的分析，探讨它们在话语中的连贯作用。

雷德克（Redeker，1991）对这些表达式的认识与希夫林相似，她的话语模型也是建立在相邻话语单位连贯性基础之上的。但她使用的是"话语操作语"（discourse operator）这一术语，把其定义为促进语言连贯的语言标记，它可以用来提示某一话语与其所在语境之间的关系。（雷德克，1990、1991）具体来讲，话语操作语是可以让听话人注意到某一话语与其前面紧邻话语语境之间联系的单词或短语。她认为命题之间的联系才是话语之间最大的和最常见的联系，"话语操作语"是表达这一联系更为准确的术语。

"语用标记"（pragmatic marker）也是一个被广泛使用的术语，但它所指的范围和话语标记并不完全一致，学界对语用标记和话语标记的关系以及二者的边界存在不同的认识，有些研究者认为二者在功能和范围上存在差异，但另外一些研究者把二者视为同一种语言现象。弗雷泽（Fraser，1990，1996）认为语用标记是一个词汇性的功能类，它是话语的一部分，但不传递信息的命题内容，对命题意义没有贡献，在话语中只具有程序义。它包括四种类型：第一是基本语用标记，标记基本信息所传递的某种的语力（force）（与命题内容对应），比如句子的语气（如遗憾、抱歉等）；第二是评论性语用标记，是对基本信息的评论（如luckily、unluckily），它在话语中不是必须使用的；第三是平行标记，用来标记除基本信息和评论性信息之外的信息，如提示话题或提请注意，它在话语中也不是必须使用的；第四是话语标记，标记基本信息是如何与前面话语联系的，如基本信息是对前面信息的总结。由此可见，在弗雷泽看来，在话语中具有不同标记功能的这些语言成分应该被统称为"语用标记"，而"话语标记"只是"语用标记"的一种,是用来增强前后话语连贯的语用标记,他所定义的"话语标记"比希夫林的"话语标记"范围要窄。而布林顿(1996)也倾向使用"语用标记"这一术语,但她认为话语标记并不是语用标记的下位概念,"话语标记"和"语用标记"的适用范围都很广,都是在句法之上的功能类,而且发挥功能的范围都很广,不像"连接词""句首词"那样只发挥某种特定的功能,更不像不发挥话语功能的表达式,如"填充词","话语标记"和"语用标记"所指范围相当,只是人们的选择不同,"话语标记"可能是最常用的术语,而"语用标记"能更好地表明这些表达式在话语中所发挥的功能。

克里布勒(Crible,2017)也认为话语标记是在语法上异质的、具有多功能性的语用标记的一种,可以制约话语解读的推理机制,除了话语标记,语用标记还包括感慨词、情态小品词、反应标记、礼貌标记等。

布莱克莫尔(Blakemore,1987、1988)以关联理论(Relevance Theory)为理论背景提出了"话语连接词"(discourse connective)这一术语。在希夫林、雷德克和弗雷泽的研究中,话语标记是用来标记相邻话语片段的关系的,话语的产生和解读主要依靠识别两个话语片段之间的连贯性,而话语标记就在这一过程中发挥作用。而在布莱克莫尔看来,话语连接词可以用来增加话语的连贯性,但连贯性并不是它的主要功能,它在话语中主要是连接不同的命题,使听话人能够从话语连接词中得到这些命题之间的联系,从而做出推理,进而理解说话人所要表达的内容,它的主要功能是表明不同命题之间的关联,因此,"话语连接词"是一个更为合适的术语。"话语连接词"可以表达推理关系,表明一个命题和其他命题存在何种关联,其他命题可能存在于这一命题之前,但有时其他命题也可能不是由前面的话语传达出来的,它甚至可能不在话语中,说话人没有明确表达出来,但听话人听到话语连接词后可以根据语境进行推理,进而了解说话人未表达出的命题以及命题之间的关联,从而理解对方所要表达的内容。所以,布莱克莫尔认为"话语连接词"比"话语标记"能够更准确地显示这一语言成分在话语理解中的功能。

另一个被经常使用的术语是"话语小品词"(discourse particle)(Schourup,1985;Abraham,1991;Kroon,1995;Fischer,2000;Aijmer,2002)。费舍尔(Fischer,2006)认为小品词是相对于附着语(clitics)、完整词(full words)和黏着语素(bound morpheme)而言的,

而话语小品词没有曲折变化,能松散地融入句子结构。但"话语小品词"这一术语在使用上面存在一些问题:首先,小品词传统上被认为是一个句法术语,它在描述话语标记时会给人们带来困惑,因为话语标记更多地被认为是一个功能类,是把各种句法层次上的成分集合到一起而形成的功能类,所以话语小品词不是某一类词或短语,它在句法上属于不同的类别,这就会给人们的理解带来困难;其次,话语小品词在指称上存在问题,在句法上显得指称不够准确,它可以指传统的词类如连词、介词、感慨词、副词等,但也常被用来指称那些不太容易归类的词。另外,小品词越来越多地特指程度小品词和情态小品词,因此,"话语小品词"这一术语使用的范围虽广,但容易产生歧义。(Schourup,1999)

"情态小品词"(Modal Particles)这一术语也经常出现在文献中,用来指类似的语言成分。(Abraham,2017;Diewald,2006;Squartini,2017)汉森(Hansen,1998)认为情态小品词可以描述说话人与听话人之间的关系(the relationship between speaker and hearer),它与说话人的知识状态有关,表达说话人对所谈论信息和对于与听话人关系的认识和态度。情态小品词在西方语言里(特别是德语)一般被认为可以构成单独的词类,没有曲折变化,不重读,不单独构成话语,没有指示意义,一般位于话语中间位置。

对于以上所提到的几个术语,费德里亚尼和桑索(Fedriani & Sansò,2017)认为"语用标记"是属于社会和人际关系领域(说话人与听话人之间的关系、社会身份、社会行为类型)的功能标记;"话语标记"是确保语篇连贯的手段;"情态小品词"是一个封闭的词类,标志说话者对其话语信息状态的评估。

(二)功能分析

上文提到的这些术语反映出研究者对这些语言成分在话语中所发挥功能的不同认识,每种术语都强调了这些语言成分在话语中某些方面所发挥的功能,这些功能或者覆盖的范围很广,或者比较单一。之所以会出现这种情况,是因为不同研究者所采用的理论背景和功能视角不同,他们在研究中的侧重点不同。其实这些功能从某个角度来讲可以是一致的或者是互补的,其中一些侧重于语篇方面,而另一些则与人际功能有关。通过对文献的梳理,我们发现对它们功能的认识主要有三种观点或者视角,即连贯视角、语用视角和关联视角。在不同的视角下,对同一种语言现象所使用的术语不同、定义不同，对它们功能和特征的认识也相应地存在差异。

1. 连贯视角

以连贯视角对这些语言成分进行研究的代表性人物是希夫林，她在《话语标记》(*Discourse Markers*)（1987）一书中从社会互动和话语连贯的视角出发，采用互动分析和变异分析的方法，对英语中的一些表达式（话语标记）进行了细致的分析。她首先给话语标记下了一个操作性定义，即话语标记是"连接不同谈话单位的顺序性依附成分"（sequentially dependent elements which bracket units of talk）。谈话单位（units of talk）是希夫林故意使用的一个模糊性概念，她没有使用诸如句子单位（sentence units）、命题单位（proposition units）、言语行为单位（speech act units）或者语气单位（tone unit）等更加明确的概念，以避免缩小话语标记潜在的研究范围。话语标记对不同谈话单位的连接存在于不同的层面，它们可以出现在话语的开头或结尾处，用来后指或回指。"顺序性依附"（sequential dependence）表明话语标记是在话语层面（a discourse level）发挥功能，而不是依附于构成话语的更小的单位（the smaller units of talk of which discourse is composed）。然后她用社会语言学的研究方法收集现实中的对话作为例子，对 oh, well, and, but, or, so, because, now, then, y'know 和 I mean 等 11 个英语表达式的功能和用法进行了详尽的分析，在重点考察这 11 个表达式之外，她认为符合话语标记特征的词有很多，比如知觉动词 see, look, listen, 指示语 here, there, 感叹词 gosh, boy, 元话语 this is the point, what I mean is, 副词短语 anyway, anyhow, whatever 等。除了 oh, well 之外，大部分的话语标记都是有意义的，每个话语标记都有自己的"核心意义"（core meaning）。

希夫林主要的关注点是话语标记对话语连贯（discourse coherence）所起的作用，她认为局部连贯（local coherence）是通过"话语中相邻单位之间的关系构建起来的"（coherence that is constructed through relations between adjacent units in discourse），但话语整体上的连贯（global dimensions of coherence）包括五个不同的层面：（1）交换结构（Exchange Structure），反映会话交流的机制，展示会话参与人的话轮转换和这些转换是怎样相互联系的，代表性的话语标记为 well, and, but, or, so 等；（2）行为结构（Action Structure），反映话语中出现的言语行为的顺序，代表性的有 oh, well, and, but 等；（3）概念结构（Ideational Structure），反映话语中出现的概念（命题）之间的关系，包括衔接关系、主题关系、功能关系等，代表性的有 and, but, so, because 等；(4) 参与框架（Participation Framework），反映言语主体和听话人相互联系的方式和对话语的导向，代表性的有 well, I mean 等；(5) 信息状态（Information State），反映话语进行中的知识和元知识的组织和管理，代表性的有 oh, y'know 等。话语标记在某个层面发挥主要功能，在其他层面发挥次要功能。

通过分析，希夫林把话语标记的功能更精确地描述为"提供话语产生和解读的语境坐标"（propose the contextual coordinates within which an utterance is produced and designed to be interpreted），话语标记通过把话语与参与者或与文本联系起来的方式提供语境坐标。提供语境坐标的方式有两种：第一，话语标记是指示性的，指向话语前面或后面的部分，指向说话人、听话人或者双方；第二，话语标记把话语定位在不同的"话语层面"（planes of talk），如与 but 相关的三个层面是概念结构（but 可以标志对比）、行为结构（but 可以标示对比性的言语行为）和交换结构（but 可以用来继续一个话轮）。而有的话语标记还有另外两个层面：与说话人态度的转变或会话方向的转变或说话人与听话人关系的转变有关的参与框架，以及与说话人知识和元语言知识有关的信息状态。在希夫林看来，话语标记通过同时建立多重语境坐标来实现话语的连贯，连贯被认为是通过相邻话语单位的关系建立起来的。每个话语标记都至少与五种层面中的一个有关，与说话人和听话人有关，与前后文有关。比如，oh 首先与信息状态层面有关（标志着信息状态过渡），其次与参与框架（展示说话人和听话人的话语产生和接收能力）和行为结构（标志一定的行为，比如解释）有关。希夫林认为不同话语标记之间的区别不仅与特殊的话语层面和指示坐标有关，而且与概念和语义内容有关，与它们的句法特征有关。话语标记从谈话内容潜在意义中选择意义关系，然后展示这种关系。最后，她认为虽然每个话语标记都有主要功能，但它们是多功能性的，正是在多种话语层面上的多功能性帮助融合话语结构下很多不同的过程，从而帮助创造连贯。

一些学者与希夫林的观点类似。韩礼德和韩茹凯（Halliday & Hasan, 1976）论述了连接成分对话语连贯的作用。拉波夫和范谢尔（Labov & Fanshel, 1977）认为话语标记指示某一话语和前面话语的联系。莱文森（Levinson, 1983）把这些表达式看作反应信号，它们常以非常复杂的方式指示所在话语是如何对之前话语进行反应的。兹威基（Zwicky,

1985）认为话语标记的作用是把当前话语与更大话语单位联系起来。雷德克（1991）认为话语操作语（discourse operator）有核心义，核心义表明话语标记本身所具有的可以限制话语语义解读的语义表征，她认为话语操作语是"一些单词或短语，主要功能是让听话人注意后面的话语与当前话语语境之间特别的联系"。汉森（2006）认为话语标记是语用标记的下位概念，只在语篇层面发挥作用，主要功能是连接话语，保持话语连贯，对命题内容没有影响。费舍尔（2006）认为话语标记总体上的功能包括标记谈话的顺序性结构、话论转换、话语管理、解读管理、话题结构和参与框架等。迪瓦尔德（Diewald，2013）认为根据它们更具体的功能话语标记可以分为反应标记、分割标记、犹豫标记、话语连接标记、证据标记、会话管理标记等。以上研究都是聚焦于话语标记的语篇连贯功能。

2. 语用视角

弗雷泽对这些语言成分的看法与希夫林不同，他首先对它们的语用意义类型进行划分，然后对这些标记进行描写。（弗雷泽，1990、1996、2009）他把研究对象称为"语用标记"（pragmatic markers），他的理论框架关注句子的意义，即句子中的这种语言成分怎样把句子所传达的信息与前面句子的信息联系起来。他认为语用标记通常是词汇表达式，对句子的命题内容没有贡献，但可以指示不同类型的信息。弗雷泽提出了四种类型的语用标记，相对于四种不同的信息类型：（1）基本标记（basic markers），标记基本信息（把句子命题作为它的内容）的语力。比如在句子 Admittedly, I was taken in 中，admittedly 标志着 I was taken in 所表达的命题被理解为一种承认。（2）评论标记（commentary markers），对基本信息进行评论。在句子 Stupidly, Sara didn't fax the correct form in on time 中，stupidly 传达出作者认为 Sara 不能发电报是愚蠢的。评论标记包括评价标记（assessment markers，如 sadly）、说话方式标记（manner-of-speaking markers，如 frankly）、证据标记（evidential markers，如 certainly）、影响标记（consequent-effect markers，如 to sum up）、传闻标记（hearsay markers，如 allegedly）、缓和标记（mitigation markers，如 if you don't mind）和强调标记（emphasis markers，如 mark my words）。（3）平行标记（parallel markers），标记基本信息和评论信息之外的信息，如呼语（vocative markers，如 Mr. President）、不悦标记（speaker displeasure markers，如 damn）、团结标记（solidarity markers，如 My friend）。（4）话语标记（discourse markers），表明基本信息与之前话语的联系。话语标记被看作用来连接语篇成分的，包括话题转换标记（topic change marker，如 by the way, incidentally）、对比标记（contrastive marker，如 but, on the contrary）、详述标记（elaborative markers，如 and, anyway）和推理标记（inferential markers，如 so, as a result）。

所以，弗雷泽把话语标记看作语用标记的一种，是来源于连词、副词和介词短语的词汇性表达式，主要功能是指示一个话语片段与之前话语片段之间的关系，有核心义（core meaning），但核心义是程序性的（procedural），而不是概念性的（conceptual），它们的意义更多的是由语境来决定的。他主张用话语标记与表达句子意义的其他语言成分的关系来定位话语标记。话语标记作为语法范畴被看作语用标记的一个子范畴，语用标记是所有产生非真值条件句子意义的语言成分，是能够标志言语主体潜在交际意图的语言编码线索。（弗雷泽，1996）

奥斯曼（Ostman，1981）指出语用标记可能同时在语篇和人际两个层面起作用。从语篇层面讲，可能发挥小句功能（比如表达对命题的态度）或者语篇功能（比如标记话轮）；在语用层面上，可以表达互动（社会或话语功能上的）或者态度（评价）。

布林顿（1996）认为对于大多数学者来说，语用标记的核心功能是表达话语之间或话语与语境之间的关系或关联。虽然话语标记（语用标记）在句法上具有非强制性，在语义上对话语的命题意义没有贡献，但它们具有不同的语用功能，一旦把它们从话语中省略，话语在语法上是可接受的，但在交际语境下会显得不自然、不礼貌或者不友好。话语标记的主要功能可以概括为：引起听话人注意；帮助说话人获得或放弃权利；作填充词，保持话语；引出新话题；指示新信息或旧信息；标记顺序依赖，指出一个话语与之前话语之间的联系；修正自己或别人的话语；主观表达对之前话语的反应或回应，或对之后话语的态度；人际上表达合作、分享、亲密的关系，包括确认、理解、要求确认、表达分歧、维护面子（礼貌）。布林顿（2008）认为话语标记的人际功能就是主观性功能，比如表达反应、态度、理解、迟疑、持续关注，以及互动功能，比如表达亲密、合作、共同知识、顺从和礼貌等。

3. 关联视角

布莱克莫尔（1987）以关联理论为理论框架，把许多被称为话语标记的语言成分命名为话语连接词（discourse connectives）。关联理论（Sperber & Wilson，1986）认为交际是说话人与听话人之间的明示—推理过程，说话人在说话时要提供足够多的信息，让听话人可以付出最小的努力达到最佳的关联，从而保证推理和交际的顺利进行，关联原则使听话人认为伴随着话语的是它对最佳关联的保证。布莱克莫尔认为话语连接词正是帮助实现这一保证的语言机制之一。

不同于希夫林和弗雷泽所认为的话语标记的连接对象是相邻的话语片段，布莱克莫尔认为话语连接词可以出现在话语中间，也可以出现在话语开头，而且出现在话语开头的话语连接词和出现在话语中间的话语连接词功能是一样的。从关联理论的视角来看，话语连接词可以被用来促进连贯性，但连贯性不是它的主要功能，而只是第二位的、派生的概念，话语连接词更多地被看作用来表达推理关系的，通过推理把不同的命题连接起来，而连接不一定在文本单位之间获得，也可以在它们所表达的命题之间获得。

连贯视角下，文本的产生和解读主要依靠识别两个文本单位之间的连贯关系，话语标记被认为在这种识别过程中发挥作用，但在关联视角下，文本的解读不靠识别话语片段之间的连贯关系，而是靠寻求话语内容之间以及话语内容与语境之间的关联，话语连接词就是用来识别这些关联的。（布莱克莫尔，2002）布莱克莫尔认为话语连接词的作用对象不应该是话语，而应该是认知过程，即它怎样在认知过程中发挥作用，对语境和会话含义进行制约以达到最佳关联。

虽然采用的视角不尽相同，但多数研究者都认为话语标记具有多功能性，并在话语的不同层面发挥作用。马施勒（Maschler，2012）采用互动语言学的视角，认为人类在互动中使用元语言（metalanguage），经过不断重复形成话语标记，话语标记可分为语篇性、人际性和认知性三种。语篇性话语标记指示前后话语片段之间的关系，人际性话语标记协调说话人与听话人之间的关系以及说话人与文本的关系（如立场标记），认知性话语标记展示说话人的认知过程。朱克和齐夫（1998）有相似的看法，在他们看来，话语标记在语篇、态度、认知和互动等方面发挥作用，它可以是语篇连接手段（text-structuring devices，标记话语单位的开头和结尾或者它们之间的过渡）、情态或态度指示手段（modality or attitudinal indicators）、说话人与听话人的意图和关系标记（markers of speaker-hearer intentions and relationships)、话语加工指示语（instructions on how given utterances are to be processed）等。费尔班克斯（Fairbanks，2009）认为话语标记对语篇连贯和人际意义起促进作用。刘滨梅（Liu，2009）认为话语标记有语篇和人际功能。海涅（Heine，2013）认为话语标记的主要功能是把话语和话语情景联系起来，更具体地说就是在说话人与听话人之间的互动、说话人的态度和在语篇组织方面发挥作用。巴扎内拉（Bazzanella，2006）认为话语标记可以表达态度和情感。马施勒和希夫林（2015）认为话语标记可以在认知、表达、社会和语篇层面发挥作用（function in cognitive, expressive, social, and textual domains）。

（三）特征描写

在已有研究中有很多对话语标记特征的表述，这些特征涉及话语的不同层面。

在语音、词汇方面，话语标记一般较为简短。希夫林（1987）认为话语标记本身有一定的韵律结构（have a range of prosodic contours），布林顿（1996）认为话语标记一般语音上较简短并形成独立的调群，在词汇方面很难归属为某一个词类，桑科夫（Sankoff，1997）也认为话语标记有语音简化的现象。

在句法上，话语标记与主句一般是分离的。（希夫林，1987；桑科夫，1997）在句中用法比较松散，没有明显的句法功能，通常被用在话语的起始位置。（希夫林，1987；布林顿，1996）它们在话语中的位置是可变的，但是常出现在开头或结尾，表达不同的功能，开头一般表达主观或话语结构功能，结尾一般表达交互主观或情态功能。（费德里亚尼和桑索，2017）具有异质性，可以包含各种句法成分。（布林顿，1996）具有可选择性，即去掉后不会影响话语和句子的合法性，但可能会影响话语语义和语用的解读。（布林顿，1996；Schourup，1999）

语义方面，话语标记一般有语义虚化现象。（桑科夫，1997）没有或很少有命题意义，不增加话语的命题内容，不影响话语的真值条件，具有非真值条件语义，可以和话语分离而不影响话语的命题意义（弗雷泽，1996；布林顿，1996；费德里亚尼和桑索，2017），或者不具有表达概念的表征义，只具有影响话语概念表征的程序义（布莱克莫尔，1987）。科斯特切斯库（Costăchescu，2017）认为话语标记的基本特征是语义不明确，需要听话人通过推理进行补充来消除语义的不明确。

在功能上，话语标记具有多功能性，可以同时在局部（词汇、句法、语义）或整体（语用）层面发挥功能，在话语的不同层次上起作用（语篇、人际）。（希夫林，1987；布林顿，1996）在正常情况下，有多个标记可以起到同样的功能，同一个标记在不同语境下也可以发挥不同的功能。（Aijmer，2013）

语体特征方面，话语标记多出现于口语、非正式语体，而不常出现于书面话语。（布林顿，1996）

二 国内相关研究概况

国内对话语标记、语用标记等类似语言现象的研究起步较晚，2000年和2001年几篇介绍性的综述文章（冉永平，2000；黄大网，2001）出现以后，关于话语标记的研究逐渐增多，在术语使用方面没有国外相关研究那样复杂，文献中出现的术语主要有四个，即"话语标记"（如黄大网，2001；高增霞，2004；刘丽艳，2006；李宗江，2009等）、"话语标记语"（如冉永平，2000；刘丽艳，2005；周明强，2015；孙炳文，2015等）、"语用标记"（如李勇忠，2003；方梅，2005；侯国金，2005；李宗江，2008等）以及"语用标记语"（如冯光武，2004；韩戈玲，2005；席建国、刘冰，2008；郝琳，2009等）。很多研究对这几个概念并不做区分，认为是对同一语言现象所使用的不同术语，但大多数研究采用"话语标记"这一术语。

（一）主要研究路径

1. 功能、特征研究

在对这一语言现象的研究中，关于功能和特征的研究占了很大一部分，其中包括对话语标记、语用标记整体的、系统的研究，还包括大量对某一单个话语标记、语用标记功能和特征的分析。刘丽艳（2011）从总体上探讨了话语标记的特征、分类和功能，并对具体的话语标记进行了分析。殷树林（2012）对话语标记的意义、功能、特征、分类以及话语标记的主观化进行了探讨，并分析了一些单个标记的功能和用法。王蕊（2013）、李治平（2015）、孙利萍（2017）都对现代汉语言说类话语标记进行了探讨，王蕊认为话语标记具有语篇、人际和概念功能；李治平从交际语境和语言语境出发，认为话语标记具有衔接连贯、话语组织、人际互动和情态表达功能；孙利萍认为言说类话语标记总体上具有语篇和人际功能，并分析了它们在形式和语义上的特征。关于话语标记功能和特征的系统研究还有李秀明（2006），于海飞（2006），李咸菊（2008），李秉震（2010），施仁娟（2014），陈睿（2015），李丽娟（2015），曹秀玲（2016），王红斌（2016），张黎、袁萍、高一瑄（2017），施伟伟（2017）等。在对这一语言现象的研究中，大多采用了西方语言学界的观点，即它们总体上来讲具有语篇和人际功能，在语音和句法上独立于主要话语部分。

2. 习得研究

国内一些学者对英语话语标记、语用标记和汉语话语标记、语用标记的习得问题进行了探讨。李巧兰（2004）对比了中国英语学习者和英语为母语者之间在使用话语标记上的差异，认为中国英语学习者话语标记的习得存在语用石化现象。也有一些研究对中国英语学习者习得单个英语话语标记的情况进行实证研究，如对英语话语标记 like（杨世登、刘凌子，2006）、well（李民、陈新仁，2007）、you know（徐捷，2009）的习得研究，这些研究针对中国学生对某个话语标记的使用情况进行调查，分析其中存在的问题及背后的原因。刘丽艳（2006）对跨文化交际中话语标记的习得与误用进行了研究，对比了中国英语学习者和外国汉语学习者在目标语话语标记习得方面的情况，指出话语标记误用的原因：母语负迁移和语码转换规则的过度泛化。黄彩玉、谢红宇（2018）针对俄罗斯学生对汉语话语标记的习得和掌握情况进行调查，讨论了话语标记习得中的文化迁移模式：社会距离和心理距离，并指出相应的对策。这些研究主要针对话语标记的习得问题进行研究，但同时也讨论到话语标记在使用中的功能。

3. 语法化研究

话语标记、语用标记是语言在使用中逐渐形成的，它有一个历史的过程，语法化是话语标记形成的一个重要原因，对汉语话语标记语法化的研究就是探讨话语标记演化和形成的过程。邢欣、白水振（2008）探讨了语篇衔接语的关联功能及语法化问题。李思旭（2012）探讨了"别说""完了""就是"成为话语标记的过程，词汇化、语法化在话语标记形成中的作用，副词、连词与话语标记之间的联系与区别。周树江、王洪强（2012）从理论上探讨了话语标记语的语法化机制，认为在语法化过程中，话语标记语原有的命题意义被虚化，与此同时，其话语意义也经历了语用充实的过程。另外，还有大量的研究是针对某一话语标记的语法化问题进行的。（曹秀玲、张磊，2009；刘顺、殷相印，2010；管志斌，2012；张龙，2012；史金生、胡晓萍，2013）从历时的角度对话语标记、语用标记语法化的过程进行研究具有重要意义，可以揭示这些标记性语言成分形成的路径和功能的演化轨迹。

4. 翻译研究

关于话语标记、语用标记的翻译问题，很多学者做了探讨。薛媛（2003）探讨了话语标记的语用功能及其在翻译中的语用充实问题。马萧（2003）探讨了话语标记的语用功能和翻译策略，借助关联理论对英汉话语标记进行分析，指出它们在话语交际中有着共同的语用作用，但也存在差异。在翻译过程中，首先要识别原文中的话语标记，领会其语用用意，弄清前后话语之间的关系，在翻译中传递话语标记的语用功能。李凌（2006）提出在会议口译中话语标记的翻译可采用增词、省略、保留和变通等策略。王瑞（2008）针对莎剧中话语标记的特征提出了相应的翻译策略。夏历（2015）对国内英汉话语标记语翻译研究进行了综述，发现话语标记语翻译研究的范围从小说扩展到戏剧及影视文学作品，研究手段不断更新，基于语料库的话语标记语翻译研究获得广泛关注，研究内容更加趋于理论抽象，对话语标记翻译的原则、策略、方法及相关动因等方面的讨论比较多。不同语言中的话语标记有相似之处，也有不同之处，对它们之间的翻译进行研究不仅对翻译实践有重要意义，而且对从不同语言的视角认识它们的功能也有积极意义。

（二）功能分析

1. 话语连贯视角

廖秋忠在20世纪80年代初就开始关注有篇章连接作用的一些汉语表达式，他称之为"篇章连接成分"（廖秋忠，1992）。他的研究主要基于"篇章连接成分"的功能与分布，他认为"篇章连接成分"可以用来表达不同语言片段在语义上的各种关系，它们大多位于句子开头。方梅（2000）研究了由于连词弱化而形成的话语标记，她认为连词的功能不仅仅是表达小句或者句子之间的时间或逻辑语义关系，它们还具有话语组织功能和言语行为功能。高增霞（2004a、2004b）通过对话语标记"回头"和"完了"的分析，论证了其在话语中的连接和组织话语的作用。韩戈玲（2005、2008）认为话语标记作为话语连贯的手段，有指示会话发展、信息管理、凸显人际关系和传递交际态度的功能,她把话语标记分为六大类:互动引发标记、序列标记、态度标记、示意语力标记、策略标记和信息强化标记。吴晓芳、殷树林(2012)认为话语标记"那么"可以增强前后话语内容的连贯性,也可以用来组织话语。朱军、史沛沛(2014)认为话语标记"那什么"作为语篇连贯手段可以引入、延续、转换话题,以及修正话语。吕为光(2015)认为"怎么说呢"有保持语篇连贯的功能。以上研究有对某一类话语标记进行研究的,也有对单个话语标记进行研究的,但总体上都强调了话语标记促进话语连贯的功能。

2. 语用功能视角

李勇忠、李春华(2004)探讨了话语标记在语用推理中的作用,指出话语标记有提示和建构语境、增加交际双方的认知共性、维持话语连贯、引导听话者正确解读话语的语用含义等功能。冉永平(2004)从语境顺应的角度对"吧"的语用功能及其特征进行了探讨,认为"吧"具有语用推进、语用缓和与商榷功能,以及受语境顺应性特征支配的语用推进功能。还有很多的研究关注其他单个话语标记的语用功能,如李成团(2008)探讨了"嘛"的语用功能,认为其具有缓和、明示、命题表态以及形象构建等不同的语用功能;余光武、姚瑶(2009)认为话语标记"好不好"具有意见征询、请求认同、弱化制止语气等语用功能;张德岁(2009)认为"你想"的主要语用功能是求同与提示;方清明(2012)认为话语标记"真的"对句子命题具有主观评价作用;李萌(2016)认为"得了/得了吧"的主要语用功能是表达否定制止、组织语篇和促进语境顺应等。另外还有一些专著和博士论文系统地对汉语话语标记的语用功能进行了研究。(刘丽艳,2005;李秀明,2006;殷树林,2012a;王蕊,2013;李丽娟,2015;李治平,2015;孙利萍,2017)综合这些研究,话语标记或语用标记的一个重要功能就是表达说话人的态度,促进言语交际双方的互动,从语用角度对它们进行研究可以对它们具有的人际功能有深入的认识。

3. 认知视角

从认知角度对话语标记或语用标记的研究主要侧重于借用关联理论对话语标记或语用标记在话语产生和理解过程中的作用进行探讨。莫爱屏(2004)指出语境与关联的互动可以帮助认识话语标记的功能。乐耀(2006)从认知语用的角度考察了"不是+NP+VP"结构含义的规约化。

肖武云、曹群英（2009）从语境关联的角度认为话语标记可以增加话语和语境的关联，对于话语理解有促进作用。赵玉荣（2014）探讨了自然会话叙事中主体间性共识建立的意义资源和认知识解模式，发现第二人称称谓语、话语标记语的大量使用以及第三位置修正和互文、异声效应的存在充分体现交际双方的认知协作意向，交际双方就故事话语的意义达成主体间性共识的认知识解模式包括共振模型、拓展模型、同化模型、协商折中模型和互补模型等类型。单谊（2014）从认知、心理和社交等角度对话语标记语"你知道"的语用功能进行考察，认为话语标记"你知道"可以帮助听话人构建认知语境。

4. 语言元功能视角

根据语言元功能理论，语言同时具有概念功能、语篇功能和人际功能，很多对话语标记或语用标记功能的研究就是从语言元功能的角度进行的。殷树林（2012a）认为话语标记的功能包括语篇功能、人际功能和互动功能。语篇功能指话语标记可以用于语篇的建构，人际功能指言用来确立和保持各种社会关系的功能，互动性指交际双方的积极参与与相互作用，表现为提醒受话人、进行应对、确立共同认知状态和寻求受话人认同。所以，相应地，他把话语标记分为语篇标记、人际标记和互动标记。王蕊（2013）根据韩礼德语言元功能理论和"新言语行为分析"，将汉语"说"类言语行为标记分成概念支持标记、语篇支持标记和人际支持标记。其中，概念支持标记包括命题成立边界标记（如"对……而言""拿……来说"）、命题成立程度标记和命题成立来源标记，命题成立程度标记又包括明确表达标记（如"不言而喻""确切地说"）和含糊表达标记（如"大概可以说""大致说来"），命题成立来源标记包括不明来源标记（如"据报道""据说"）和公共认知来源标记（如"按道理说""照理说"）；语篇支持标记包括话轮功能标记、话题功能标记和语篇衔接功能标记，话轮功能标记分为话轮起始（如"讲起来"）、话轮保持与接续（如"就是说"）和话轮交付（如"你说呢"），话题功能标记分为话题确立（如"话说""说到"）和话题变化（如"不管怎么说""话是这么说"），语篇衔接功能标记分为语篇起始（如"说什么呢""说几句"）、语篇衔接（如"比方说""可以这么说"）和语篇总结、结束（如"一句话""总而言之"）；人际支持功能标记包括互动功能标记和评价功能标记，互动功能标记分为请求关注（如"听我说""不是我说你"）和请求认同（如"你比方说""你听我说"），评价功能标记分为礼貌标记（如"说到哪儿去了""恕我直言"）和态度、方式标记（如"不客气地说""不瞒你说"）。刘丽艳（2005）认为话语标记具有语篇组织功能和人际互动功能，但没有概念功能。李秀明（2006）也认为话语标记只具有语篇功能和人际功能。总体上来讲，以语言元功能视角对话语标记或语用标记的研究都接受这一语言成分具有语篇组织功能和人际互动功能，并探讨了在这两大功能范围内一些标记在话语中的具体功能。

（三）特征描写

多数研究对于话语标记、语用标记在语音、句法、语义、语用、语体等各方面的特征有着相似的看法，比如语音上具有独立的语调单位；句法上具有独立性；语义上一般指表达程序意义，而不具有概念意义；语用上具有多功能性；语体方面，话语标记多出现于口语；等等。但不同的研究之间也存在着差异。刘丽艳（2011）认为话语标记具有对口语交际信道的依赖性、意义的程序性、句法的可分离性、功能的元语用性。殷树林（2012b）认为话语标记语音上具有独立的语调单位；句法上具有独立性，位置具有灵活性，主要出现在句首；语义上除证据标记外，其他标记不会影响语句所表达的命题的真值条件；语用上具有自返性，即对语言交际进行调节和监控；在语体风格上话语标记多用于口语。李治平（2015）认为话语标记是一个独立的语调单位，且必须是词汇性的单位；句法上不与前后成分构成句法关系，在口语中多处于话论开头；语义方面，话语标记不影响句子的真值条件义，概念义不明显，但能纳入命题判断的话语标记概念义比较明显；语用方面，话语标记用于监控、调节话语的组织与理解，现实话语策略或所言情态；语体方面，不同语体对话语标记的使用具有选择性。曹秀玲（2016）认为话语标记的特征可以概括为三多三少，"三多"指：（1）成员数目多，是一个不断有新成员加入的半开放式的功能类；（2）成员分散在语法性质不同的多种语言单位之中，是一个异质成员构成的同质的功能类；（3）有些话语标记形式和语用功能并不是一一对应：同一个话语标记可能同时具有多种语用功能，同一语用功能可以由多种话语标记形式实现。"三少"是指：（1）句法功能弱，早期称之为"独立成分"或"特殊成分"，很多话语标记经历句法成分到章法成分的演化；（2）语义负担少，伴随话语标记成分句法功能的弱化，语义发生虚化，很多话语标记的词义透明度低；（3）非母语者使用少，这是因为话语标记传达微妙的主观情态义，学习者受制于第二语言实际能力常常采取回避策略。孙利萍（2017）认为话语标记在语义上具有程序性、主观性与交互主观性等特征。这些研究所强调的话语标记的特征不尽相同，但总体上符合学界对话语标记在语音、句法、语义、语用、语体等不同层次上所具有特征的共同认识。

三 已有研究中存在的问题

首先，缺乏清晰的总体理论框架。总体上来讲，无论是国外还是国内对话语标记、语用标记和元话语标记的研究都缺乏一个清晰的总体理论框架，大部分研究是从语言现象出发，在对这些标记在语音、句法、语义、功能等层面上进行分析的基础上，总结它们在话语中的特点、功能，进而对其进行分类和描写。但这些研究由于没有清晰的总体理论框架的指导，分析就显得不系统、不连贯，且容易受到语料的限制，不能得出一个逻辑清晰、系统连贯的研究结果。

其次，术语使用比较混乱。目前，国外对这一语言现象的研究使用的术语比较多样化，如话语标记、话语连接词、语用标记、话语小品词、语用小品词等，主要原因是这些研究是基于不同的学术背景和理论框架进行的。在这些术语被提出和使用的初期一般会对它的性质、特征和使用范围进行比较清晰的界定，而在之后的研究中，研究者就倾向于采用某个已被广泛接受的术语，由于一些研究者对这些术语并没有清晰的认识，所以对术语的选择在一定程度上带有随意性。国内对这一语言现象的研究用到最多的术语是话语标记和语用标记，这些术语是从国外引进的，拿来用于研究汉语中类似的语言现象。很多研究者出于各种原因并不对研究对象进行界定，而是直接使用国外研究中的术语和界定标准，忽视汉语的语言特性，造成研究对象的内涵和外延没有统一的标准，在术语的使用上比较随意。

再次，个案研究多，系统研究少。目前，国内有很多关于这一语言现象的研究，在这些研究中对单个标记的研究很多，从整体上对其进行的系统研究并不多。目前国内关于话语标记、语用标记和元话语标记的专著数量不多，关于话语标记、语用标记研究的博士论文也只有十几篇，而关于个别话语标记的文章有几百篇。专著和博士论文这些系统的研究也倾向于先介绍国外的理论，然后再讨论几个个案，真正对其进行系统研究的很少。个案研究必不可少，但容易就事论事，缺乏对这一语言现象整体性的把握，难以从宏观上呈现其系统性的特征及功能。

最后，总体的功能分类比较混乱。由于研究中缺乏清晰的总体理论框架，所以在对话语标记、语用标记和元话语标记的功能进行分类时缺乏逻辑性的标准，造成所分类别或者处于不同的层次，或者对这些语言成分的语篇、人际和概念功能认识不清，从而出现对它们总体功能的分类比较混乱的情况。因而需要我们在一个清晰的理论框架的指导下对这些语言现象的功能进行有逻辑的分析与分类，从而对它们有一个更清晰的认识。

第三节　研究意义

语言学界对话语标记、语用标记这一类语言现象的研究已经有很长的历史，但至今对话语标记和语用标记的内涵和外延的认识还存在争议，甚至在术语的使用上也不能达成一致。在汉语语言学界，对这一语言现象的研究多集中于对单个标记功能和特点的探讨上，对这一语言现象整体的系统性的研究还不多，在为数不多的系统性的研究中，大多也是采用西方语言学界的某一观点或理论视角对汉语语料进行分析，然后再选取几个具体的标记进行特点和功能上的描述，这样的研究往往缺乏清晰的理论框架和完整的理论模型，研究缺乏内在的连贯性，因而对这一语言现象的功能不能进行深入、系统的分析。

本书利用"新言语行为分析"这一统一的理论模型对传统研究中的话语标记、语用标记和元话语标记进行系统的、连贯性的分析，有利于解决以往相关研究中缺乏清晰的理论框架和完整的理论模型，缺乏内在连贯性的问题。通过大量搜集标记，并把这些标记放到具体语料中进行分析，构建出汉语"人际支持性"言语行为标记（已有研究中所谓具有人际功能的话语标记、语用标记或元话语标记）系统、连贯的功能分析框架，全面呈现"人际支持性"言语行为标记的功能面貌，可以对这一语言现象的功能有更清晰、深入的认识。

同时，对"人际支持性"言语行为标记的功能分类和分析可以完善言语行为的意图结构这一工具性范畴，也是对"新言语行为分析"和语用学理论的进一步发展。

第四节 研究目标、方法及语料来源

本书的目标是在"新言语行为分析"的理论框架下，探讨"人际支持性"言语行为标记（已有研究中所谓具有人际功能的话语标记、语用标记或元话语标记）在言语行为中的功能，根据其功能对其进行系统的分类，进而构建一个完整的"人际支持性"言语行为标记的分析框架，呈现汉语"人际支持性"言语行为标记的功能面貌。

本书采用假设—演绎和整理—归纳相结合的方法，采用先总后分的方式。

首先根据"新言语行为分析"假设言语行为标记分为"概念支持性""语篇支持性"和"人际支持性"三大类，根据我们对"人际支持性"言语行为标记的界定标准，对所搜集到的标记进行筛选，然后对选出的标记在具体的语料中根据其语义、功能进行参数提取、归纳、分类，最后对各类别标记的特点、功能进行分析，对个体标记的功能进行描写。

语料采集方面，因为本书的主要目标是系统、全面考察"人际支持性"言语行为标记，所以没有采取亲自进行访谈来建语料库的方法，因为由于访谈对象的有限性，所收集的语料不可能全面涵盖各种具有人际功能的言语行为标记，不能实现我们的研究目标。到目前为止，对于汉语话语标记、语用标记和元话语标记的个体和系统研究已经有很多，也涵盖了具有语篇和人际功能的大量的标记，已有研究中也有系统的对话语标记或语用标记的搜集，又由于本书的"人际支持性"言语行为标记在很大程度上涵盖了具有人际功能的话语标记、语用标记和元话语标记的研究范围，所以我们就搜集已有研究中提到的具有人际功能的话语标记、语用标记和元话语标记以及相关研究中提到的具有人际功能但没有明确说是话语标记、语用标记和元话语标记的表达式，还有文献中没有讨论到而我们认为具有人际意义的一些表达式，然后在语料库中进行检索，分析它们在不同语境中的功能，重新构建它们的功能类型。具体做法是：首先根据对"人际支持性"言语行为标记的定义标准，搜集、整理已有研究中的话语标记、语用标记和元话语标记以及相关研究中提到的其他具有人际功能的类似表达式和文献中没有提到而我们认为具有人际意义的一些表达式，然后利用北京大学现代汉语语料库（简称CCL）检索系统、中国传媒大学媒体语言语料库（简称 MLC）检索系统、北京语言大学语料库（简称 BCC）检索系统对使用这些标记的具体语料进行检索。所选取的检索语料主要是口语语料，包括真实口语语料、新闻报道语料、文学作品中的对话和媒体语料库中的采访、访谈节目等。除此之外，还有少量自拟语料。

第五节　本书的结构安排

本书共分为七章。

第一章是绪论。提出研究问题，回顾国内外相关研究并指出其中存在的问题，介绍本书的研究意义、研究目标、研究方法以及语料来源。

第二章介绍本书的理论基础：语言元功能理论和"新言语行为分析"。

第三章构建"人际支持性"言语行为标记的功能描写模型。首先对"人际支持性"言语行为标记进行定义，论述"人际支持性"言语行为标记与话语标记、语用标记和元话语标记之间的关系，以及"人际支持性"言语行为标记与言语行为类型之间的关系，在此基础上构建"人际支持性"言语行为标记的功能描写模型。

第四章详细论述"人际支持性"言语行为标记的第一种类型：宣示标记。

第五章详细论述"人际支持性"言语行为标记的第二种类型：回应标记。

第六章详细论述"人际支持性"言语行为标记的第三种类型：求应标记。

第七章是总结。总结本书的主要研究内容，指出存在的不足以及需要进一步探讨的问题。

第二章

理论基础

第一节 语言元功能理论

韩礼德（M. A. K. Halliday）（1994、2010）认为语言具有多种功能，但这些功能可以概括为三种"纯理功能"或"元功能"（metafunction），即概念功能（ideational function）、语篇功能（textual function）和人际功能（interpersonal function）。语言的概念功能是"语言对人们在现实世界（包括内心世界）中的各种经历的表达。换言之，就是反映客观和主观世界中所发生的事、所牵涉的人和物以及与之有关的时间、地点等因素"。语篇功能是"把语言成分组织成为语篇的功能"。人际功能是"表达讲话者的身份、地位、态度、动机和他对事物的推断等功能"。（胡壮麟、朱永生、张德禄，1989）这三种元功能贯穿于整个语言，它们之间互相重叠，不存在主次之分。

语言的概念功能包括经验功能和逻辑功能，其中经验功能指语言可以表达人们在现实世界（包括内心世界）中的各种经历，逻辑功能指语言可以表达不同意义单位之间的逻辑语义关系。（胡壮麟、朱永生、张德禄、李战子，2008）经验功能主要通过"及物性"和"语态"来体现。韩礼德（2010）认为及物性把经验世界识解为可以操作的过程，通过这些过程以及与之相关的参与者和环境成分来反映语言的概念功能。这些过程包括：物质过程、心理过程、关系过程、行为过程、言语过程和存在过程。物质过程就是"做"的过程，它表达的是某一实体对其他实体做某事，物质过程可能是具体的物理事件，也可能是抽象的做和发生；心理过程是"知"的过程，它表达的是参与者"感知"（知觉、情感和认知）的过程；关系过程是"是"的过程，它表达的是两个实体之间所建立的某种关系，它可以分为包孕、环境和属有三种类型；行为过程涉及人类的生理和心理行为，它既有物质过程的特征，又有心理过程的特征；言语过程是关于言说的过程；存在过程表征事物的存在或发生。语态涉及某一过程与参与者建立的联系的类型，只涉及一个参与者时，表示此过程的小句处于中动语态（middle voice），涉及两个或两个以上的参与者时，表示此过程的小句处于非中动语态（non-middle voice），非中动语态又可分为主动语态和被动语态。语态正是通过某一过程与参与者之间的联系方式来反映语言的概念功能的。

语篇功能是有关信息组织的功能，是有关一个语言成分是如何与所在话语和语境联系的，它主要是通过主位结构、信息结构和衔接等方式来实现的。韩礼德（2010）认为小句作为一个消息结构是由主位和述位构成的，"主位是一则消息中起出发点作用的成分，是相关小句关涉的对象。消息中余下的部分，也就是发展主位的部分，沿用布拉格学派的术语，叫作述位"。常见的主位推进模式有放射型（几个句子的主位相同，而述位各不相同）、聚合型（几个句子的主位各不相同，但述位一致）、阶梯形（后一个句子的主位是前一个句子的述位）和交叉型（后一个句子的主位和述位与前一个句子的主位和述位相互交叉或部分交叉）。（胡壮麟、朱永生、张德禄、李战子，2008）通过主位的推进以实现语言的语篇功能。信息结构是信息单位的组织结构，信息单位是由"已知信息+新信息"或"新信息+已知信息"构成的。衔接是语篇中不同语言成分之间的语义联系，可以分为语法衔接和词汇衔接。

人际功能是语言用来表达互动意义，表达说话人身份、地位、态度、动机及其对事物判断、评价的功能。韩礼德（2010）认为，小句中的人际功能是由语气（mood）、情态（modality）和语调（key）体现的。语气是人际意义的主要组成成分。（李战子，2002）小句是由语气部分和剩余部分组成的，语气部分又由两部分构成：由名词词组充当的主语和由部分动词词组充当的定式操作语（限定语）。"定式成分是一小部分表达时态（如 is, has）或情态（如 can, must）的动词操作语。"剩余部分包括谓语、补语和附加语。"然而，在附加语这一总体范畴中，有两个特殊的类别，它们既不遵循同样的顺序原则，也不属于剩余部分。它们分别是情态附加语和连接附加语。"情态附加语具有人际功能，连接附加语具有语篇功能。情态附加语分为语气附加语（如表明显性的 of course, surely；表强度的 just, simply；表程度的 quite, almost）和评论附加语（如 unfortunately）。

情态表达语言使用者对事物的认识和判断。情态可分为"情态"

（modalization）和"意态"（modulation），情态是说话人对命题可能性的判断，意态是说话人对提议可实现性的判断。（韩礼德，1994）帕尔默（Palmer，2001）把情态分为认识情态（epistemic modality）、道义情态（deontic modality）和动力情态（dynamic modality），认识情态是说话人对所描述命题的判断和信心，道义情态是说话人对事物发展可能性和必然性的看法，动力情态是句子主语实施行为的能力和意愿。彭利贞（2007）认为情态是说话人对句子表达的命题的真值或事件的现实性状态所表现出的主观态度。徐晶凝（2008）认为情态和意态组成话语情态，分别具有主观性（subjectivity）和交互主观性（intersubjectivity）的特点。

汉语"人际支持性"言语行为标记的来源不仅有词和短语，还有小句，它们的人际意义同样是通过语气、情态和语调这些元素实现的。用作"人际支持性"言语行为标记的词或短语可以表明言语主体的情感、态度，但它们与韩礼德所说的情态附加语并不完全一样，有些词或短语本身并不是情态附加语，但在具体的语境中可以传递言语主体的语气和态度，具有人际意义。作为"人际支持性"言语行为标记的小句也可以发挥情态附加语的作用，传递言语主体的语气、态度，此时，因为语境的作用，它们本身的语气与它们在整个言语行为中所表达的语气可能并不完全一致。

本书借用韩礼德语言元功能理论，对具有人际功能的汉语言语行为标记进行研究，旨在对这些标记在言语行为中所发挥的具体人际功能进行细致的分类与分析。

第二节 "新言语行为分析"

本书主要采用"新言语行为分析"（胡范铸，2003、2004、2005、2006、2009、2013、2015、2017）对已有研究中具有人际互动功能的话语标记、语用标记、元话语标记及相关的语言现象进行重新分析。"新言语行为分析"与传统的言语行为理论既有联系又有区别。下面我们探讨一下"新言语行为分析"与传统言语行为理论的异同，以及"新言语行为分析"用于分析"言语行为标记"（已有研究中的话语标记、语用标记或元话语标记）的适切性。

一 传统的言语行为理论

（一）奥斯汀（J. L. Austin）的言语行为理论

受日常语言哲学特别是维特根斯坦的"意义即用法理论"

(Wittgenstein's theory of meaning as use)影响，奥斯汀（1962）提出了言语行为理论。奥斯汀认为人类交际的基本单位不是单个的词或句子，而是在说出这些词或句子时所实施的言语行为，或者叫言外行为。（Bussmann, 2006）长期以来，哲学家有一个既定的看法，即"陈述"（statement）就是描述事实状态（some state of affairs）或陈述事实（state some fact），这些事实要么正确要么错误。语法学家注意到一些句子除了陈述事实之外，还可以表达疑问、感叹、命令、希望、让步等动作，但很难把这些动作与陈述严格区分开来。而且传统认为对事实的陈述应该是可以被证实的（verifiable），这就导致很多陈述成为伪陈述（pseudo-statements），因为它们不是关于事实而是关于情感或其他方面的，无关对错，无法被证实。针对这一问题，奥斯汀在《如何以言行事》（*How to Do Things with Words*）一书中提出了言语行为理论，他认为"说话即是做事"（to say something is to do something, or in saying something we do something），人们可以"以言行事"（by saying something, we do something），即通过自己的语言可以达到做事的目的。因此，语言不仅涉及句法语义问题，涉及句子的真值条件，它同时也可以是一种行为。说话人通过语言来实施某种行为，并且会产生某种效果。

奥斯汀认为人们在说话时同时完成三种行为：言内行为（the locutionary act）、言外行为（the illocutionary act）和言后行为（the perlocutionary act or perlocution）。言内行为就是说出某事的行为（performance of an act of saying something）。奥斯汀认为人们的"说"这一动作或行为可分为三种：发声行为（the phonetic act），只是发出一些噪声；发音行为（the phatic act），发出一些符合语法的单字或单词的行为；表意行为（the rhetic act），说出一些具有明确意义和指称的符合语法的单字或单词。言内行为就是一种表意行为。言外行为是通过说出某事而实施的行为（performance of an act in saying something），说某事的时候会产生一定的语力（force），让说话人通过说来实施建议、命令、请求等不同的行为。言后行为指可以通过说某事产生一定的影响或效果（the achieving of certain effects by saying something），这种影响或效果作用于听话人、说话人或其他人的情感、思想或行为，它们可能并不是说话人有意识要达到的。比如，他对我说："你不能那样做。"通过这句话所表达的言内行为是他对我说了这句话，言外行为是他反对我这么做，言后行为是他制止了我或者使我感到不高兴。

奥斯汀进一步根据施为动词（performative verbs）的语义把言外行为分为五类：（1）裁决行为（verdictives）：一般由法官、仲裁人、裁判员所进行的裁决、评估或评价；（2）施权行为（exercitives）：施加权力、影响，如任命、表决、命令、催促、建议、警告等；（3）承诺行为（commissives）：说话人进行承诺、宣告、声明等；（4）表态行为（behabitives）：是对他人行为的反应、态度及相应的表达，它与态度和社会行为有关，如道歉、恭喜、推荐、慰问、诅咒、质疑等；（5）阐述行为（expositives）：对观点、指称进行阐述、澄清，如回答、争辩、让步、阐明、设想、假定等。

（二）塞尔（J. R. Searle）对言语行为理论的发展

塞尔（1969、1979）对奥斯汀的言语行为理论进行了继承与发展。塞尔（1969）区分了言说行为（utterance acts）、命题行为（propositional acts）和言外行为（illocutionary act）。言说行为就是按照语法规则说出语言要素；命题行为就是按照指称和预测阐述言说的内容；言外行为就是指示命题如何与语言联系，以及言语行为的交际功能，比如威胁、断言等。很多情况下，言外功能是由语音、语调、副词、小品词、语气来实现的。如果表面的言外功能与实际执行的言外功能不同，那么，说话人就是在实施间接言语行为（indirect speech acts）。言外行为可能产生某种效果或影响，如果言说者想要通过言语行为实现某种效果，结果也确实实现了这种效果，那么，可以说他同时实施了言后行为。（Bussmann，2006）塞尔与奥斯汀对言语行为结构的不同划分如表1所示。

表1　奥斯汀和塞尔对言语行为结构的划分（Bussmann，2006）

	Simultaneous subaspects				
Austin (1962)	utterance of speech sounds	utterance of words in a particular grammar structure	stating something about something	statement about the use of the proposition	intended consequences of the speech act
	phonetic act	phatic act	rhetic act	illocutionary act	perlocutionary act
Searle (1969)	utterance act (locution)		proposition act (proposition)	illocutive act (illocution)	perlocutive act (perlocution)
		reference to world	predication proposition about world		

塞尔（1969）认为，要成功实施言外行为除了正常的输入和输出条件以外，还要满足四个条件：(a) 命题内容条件（propositional content conditions）——①说话人在说出话语时表达了一个命题；②说话人在表达命题时预测了自己接下来的行为。(b) 准备条件（preparatory conditions）——①听话人希望说话人做某事，而且说话人相信听话人希望他做这件事情；②说话人和听话人都不太确定在正常情况下说话人会做这件事情。(c) 真诚条件（sincerity conditions）——说话人言说时态度真诚。(d) 本质条件（essential conditions）——说话人有通过话语来实施某种行为的意图。在这几个条件中，(d) 是构成性规则（constitutive rule），(a)—(c) 是调节性规则（regulative rules）。

关于言语行为的分类，塞尔（1975、1976、1979）认为奥斯汀所做的分类不是关于言外行为（illocutionary acts）的分类，而是关于英语言外动词（English illocutionary verbs）的分类。按照动词分类是不合理的，因为意义不同的两个动词也可能表示相同的言语行为。并且奥斯汀所列出的动词并不全都是言外动词或施为动词（performative verbs），每类中所列出的动词并不是全部都满足对于那一类别的定义，而且分类时没有一个或一系列清晰、一致的原则或标准，不同类别之间有很多重复，同一类别中也列入了一些不同性质的动词。

塞尔认为不同言语行为之间至少在 12 个方面存在差异，其中最重要的三个方面是：(1) 言语行为的目的（illocutionary point）；(2) 适应方向（direction of fit），是让话语（命题内容）适应世界，还是让世界适应话语（命题内容），断言属于前者，许诺和要求属于后者；(3) 表达出的心理状态（expressed psychological states）或表达出的真诚条件（expressed sincerity conditions），比如信念、愿望、意图、遗憾、愉快等。以这三个方面为分析基础，塞尔把言语行为分为如下几类：(1) 断言行为（assertives），说话人肯定所表达命题的真实性，断言类言语行为都是可评估的，最简单的判定标准是它们是否可以被判断为正确或错误。这一类别包含奥斯汀所划分的大部分阐述行为（expositives）和许多裁决行为（verdictives），因为它们符合同样的判定标准。比如：No one makes a better cake than me。(2) 指令行为（directives），说话人试图让听话人做某事，这种"试图"可能是温和的，比如邀请、建议，也可能是激烈的，比如坚持做某事。按照这一划分标准，奥斯汀所列出的表态行为

(behabitives) 和许多施权行为（exercitives）都属于指令行为。比如：Could you close the window? （3）承诺行为（commissives），说话人对未来的行为做出承诺，塞尔基本同意奥斯汀对于承诺行为的界定。比如：I'm going to Paris tomorrow。（4）表情行为（expressives），表达对于命题内容真诚条件的心理状态，比如感谢、祝贺、道歉、欢迎等。比如：I am sorry that I lied to you。（5）宣告行为（declarations），成功实施这种行为会在命题内容与现实之间建立联系，使命题内容与现实世界变为一致。比如：You are fired。

（三）哈贝马斯（Jürgen Habermas）对言语行为的认识

言语行为理论是哈贝马斯在构建关于社会互动的交往行为理论（the Theory of Communicative Action）过程中所使用的一个有效的理论工具。作为哲学家和社会学家，哈贝马斯首先关注的是社会行为和行为协调问题，他认为"行为协调需要通过利益的互补性来确保，当然也能够通过增加建立在共识之上的有效性来规范地重构"。（Habermas，1984）交往行为的目的是达到相互理解（mutual understanding），取得共识，而主体间性（intersubjectivity）对于达到相互理解至关重要。

哈贝马斯之所以选择使用言语行为理论是因为社会科学中的两个主要范式——客观主义和主观主义——都不能够有效解释主体间性。客观主义完全从观察者的外部视角来检视社会问题，结果不能够充分解释主体间性。主观主义采用参与者的个人视角来看待社会，容易陷入笛卡儿主体独白视角（the monological perspective of a Cartesian subject），很难看到有意义的社会结构是如何形成的，很难解释个人主体如何进入真正的社会现实。（Habermas，1979）而言语行为理论有协调行为的力量（action-coordinating power），在这个方面言语行为理论有几大优势：（1）它聚焦于话语而不是句子，是关于意义的语用理论，而不是完全剥离语境的语义理论。（2）它承认语言的非断定用法，不同于典型的语义学认知论方法。（3）它把言语行为的命题与言外成分分开，就能够用来区分说话人所说的内容与他们在说这些内容时所建立起来的主体间的关系。

在借鉴塞尔对命题行为和言外行为的区分的基础上，哈贝马斯提出言语行为由两部分构成：施为句（a performative clause）和表达命题内容的从句（a dependent clause with propositional content），施为句是为了在说话人与听话人之间建立主体间的关系（intersubjective relation），命题从句是关于所谈论的命题内容。施为句和命题句的基本联系体现了日常语言交际的双层结构（double structure of speech），交际双方要达到相互间的理解要求双方同时在两个层面上建立交流：他们交流的主体间层面和他们交流的命题层面，这两个层面相互依赖。

哈贝马斯认为话语中有一个有效性基础（validity basis），当人们使用话语与他人进行交际时会倾向于给出理由来证明自己话语的有效性（validity），话语中的言外成分表达了言说者在进行言语行为时所提出的有效性要求。哈贝马斯最初提出了四个有效性要求：可理解性（intelligibility）、真实性（truth）、规范正确性（normative rightness）和真诚性（sincerity or truthfulness），即说话人的话是可理解的，话语的命题内容是真实的，他在合适的社会语境里说出话语，他说话时是真诚的。只有交际双方都接受这些有效性条件时，他们才能达到相互理解。在此基础上，哈贝马斯把言语行为分为四类：（1）交往性言语行为（communicatives），用于表达各种言语语用意义，明确话语的本质，比如 to say, to speak；（2）记述式言语行为（constatives），用来表述句子的命题意义，比如 to describe, to report；（3）调节式言语行为（regulatives），用来建立说话人与听话人的主体间关系，例如 to order, to demand；（4）表现式言语行为 representatives（expressives），用于表达说话人自己的意图、态度和经验，通常会使用动词 to know, to think, to believe 等。后来，哈贝马斯把有效性条件缩减为三个：真实性、规范正确性和真诚性，所以言语行为也相应地分为三类：记述式言语行为、调节式言语行为和表现式言语行为。（Habermas, 1984）

这些传统的言语行为理论具有相当程度的哲学意义，却无法回应诸如话语标记、语用标记、元话语标记这些语言现象，不能直接用来处理本书所要解决的问题，即如何系统分析具有人际意义的标记语在话语中的功能并在此基础上构建关于其功能的描写模型，比如基于施为动词的言语行为分析和对言内行为、言外行为的划分并不能帮助我们细致分析这些标记语的具体功能。"新言语行为分析"把语言看作一种行为过程，我们实施言语行为的过程就是使用语言实现自己意图的过程，而不同的语言成分在此过程中发挥的作用是不同的，有的直接表达言语主体的意图，而有的只是对意图的实现起支持作用，以此为出发点我们可以细致分析并系统考察这些标记语在言语行为中所发挥的功能。

二 "新言语行为分析"

"新言语行为分析"把"言语行为"看作语用学的核心概念和理论起点，它在"言语行为"的分析路径上与之前的言语行为理论有很大的不同。

传统的言语行为理论首先是一种语言哲学理论，它的提出者奥斯汀从语言哲学的角度提出了"说话即是做事""以言行事"的哲学思想，并发展出言内行为、言外行为和言后行为的概念，进而按照施为动词的语义特点把言外行为划分为不同的类型。塞尔对奥斯汀的理论进行了继承与发展，修正了按施为动词的语义划分言语行为类型的做法，并提出了直接言语行为和间接言语行为的概念。哈贝马斯从言语行为有效性的角度对言语行为进行研究，并指出主体间性对于言语行为和交往行为的重要性。而"新言语行为分析"是从人类行为的角度出发来看待这个问题的，它把言语行为看作人类行为的一种，是人类"用语言实施语用意图的行为"。（胡范铸，2003）具体来讲，言语行为就是："某行为主体在一定的人际框架和语境条件中，根据自己的意图结构出一个语篇，借助一定的媒介，使得另外的行为主体做出有关联的反应这样一种游戏。"（胡范铸，2017）由此定义出发，可以进一步推出言语行为一系列的工具性范畴和理论命题。

首先，言语行为的最高原则是"合意性原则"，即言语行为首先要合乎言语主体的交际意图，交际意图是"新言语行为分析"中的核心概念，任何言语行为都首先是从言语主体的意图出发的。言语主体首先要确定自己的交际意图是什么，想通过言语实现什么样的目的，然后结合具体的人际框架和语境决定实施什么言语行为和如何实施。由此可以推演出一系列相关的工具性范畴，比如主体构成、语境参数、行为类型、意图结构、规则系统等。

关于言语行为的主体构成，"新言语行为分析"认为言语主体首先是由作为言语行为"实施者"和"驱动者"的"我"构成的，但同时还要考虑作为"接受者"的"你"和作为"核查者"的"他"（"他"有时也可以作为"驱动者"）的认知，因此，言语主体是一个由三种人称共同构成，"实施者""接受者""核查者""驱动者"彼此作用的结构。（胡范铸，2009）"言语行为主体不仅仅是意味着'我'，意味着'我''你'

'他'的三种主体性,更意味着一种主体间性,亦即多重主体之间关系的互动和转化。"(胡范铸,2013)

言语行为的语境是制约言语行为产生、接受和发展的环境,这个环境是由言语主体根据自己的交际意图和成本原则实施言语行为过程中一切相关而没有陈述的命题构成的。"任何言语活动都是人类行为的一种,任何言语行为都有其自身的目的,都是一定的语境的产物并且建构其语境。"(胡范铸,2004)

言语行为的类型不仅包括与传统言语行为类型相似的从动作出发的"动词性"类型,还包括从领域(如法律言语行为、新闻言语行为)出发的"名词性"类型和从风格(如幽默、谎言)出发的"形容词性"类型。

以意图实现为核心的言语行为的基本结构就是"意图性言语子行为+支持性言语子行为",意图性言语子行为是对言语主体交际意图的直接诉求,而支持性言语子行为用来构建意图性言语子行为的合法性,以保证交际意图实现的有效性,它们构成了完整的言语行为。

言语行为的规则系统包括构成性规则和策略性规则。构成性规则是完成某一言语行为时必须遵循的准则,而策略性规则是促进言语行为实现的支持性手段,具有可选择性。

"新言语行为分析"的理论框架如图1所示。

"新言语行为分析"对传统言语行为理论有突破性的创新。它对言语行为的分析不再局限于言内行为、言外行为或直接言语行为、间接言语行为等这些概念,而是发展出一系列工具性范畴,从言语行为的构成要素出发来进行分析,从而使对言语行为的分析更加精细、具体,更加具有可操作性,适用范围也大大扩展。

"新言语行为分析"关于言语行为意图结构的分析可以成为我们分析话语中标记性成分的理论起点。根据"新言语行为分析","合意性原则"是言语行为的最高原则,言语主体在实施言语行为时首先会考虑自己的交际意图,然后采取合适的语言来帮助表达、实现自己的意图。在言语行为中,有直接表达意图的部分,有不直接表达意图但可以用来构建意图性部分的合法性和保证意图实现的有效性的部分,前者可以称为"意图性言语子行为",后者可以称为"支持性言语子行为",它们构成了完整的言语行为。因此,以实现意图为最高原则的言语行为的基本结构就是"意图性言语子行为+支持性言语子行为"。

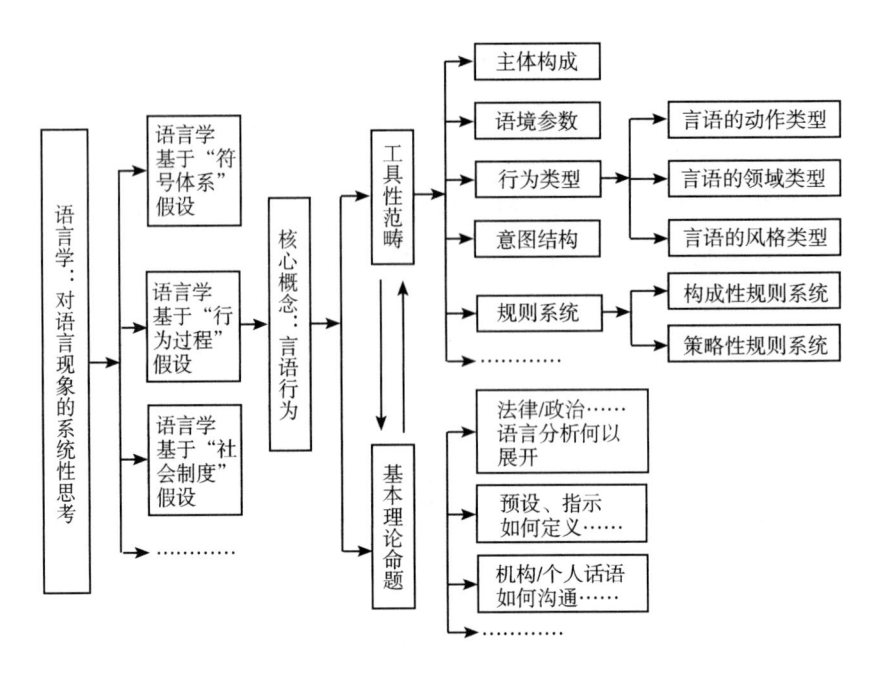

图 1 "新言语行为分析"的理论框架（胡范铸，2017）

结合韩礼德语言元功能理论，我们可以把支持性言语子行为分为三类：(1)"概念支持性"言语子行为，构建命题的边界性和概念的准确性；(2)"语篇支持性"言语子行为，构建语篇的连贯性和话题的互文性，构建语篇的同一性和解释性；(3)"人际支持性"言语子行为，主要构建人际的互动性，"人际支持性"言语子行为正是本书的研究对象。（见图2）由此，言语行为的基本结构如下：

支持性言语子行为不直接诉求言语主体的交际意图，对交际意图的实现只起到辅助作用。"人际支持性"言语子行为可以传达言语主体的情感、态度，实现交际者之间的互动，从而促进言语主体交际意图的实现。如果没有这些子行为，也并不妨碍言语主体意图的传达和实现，只是实现的效果会受到一定的影响。"语篇支持性"言语子行为在语篇层面促进话语的连贯性和同一性，保证言语主体意图传达的顺畅性，这些言语子行为同样可以省去而不会影响意图的传达。"概念支持性"言语子行为可以限定命题的边界，在这些条件的限定下言语主体所表达的命题意义得以成立，意图得以准确地传达。

通常情况下，意图性言语子行为和支持性言语子行为是同时出现的，

```
                    ┌─→ 意图性言语子行为
                    │
          言语行为 ──┤                      ┌─→ "概念支持"性言语子行为
                    │                      │
                    └─→ 支持性言语子行为 ──┼─→ "语篇支持"性言语子行为
                                           │
                                           └─→ "人际支持"性言语子行为
```

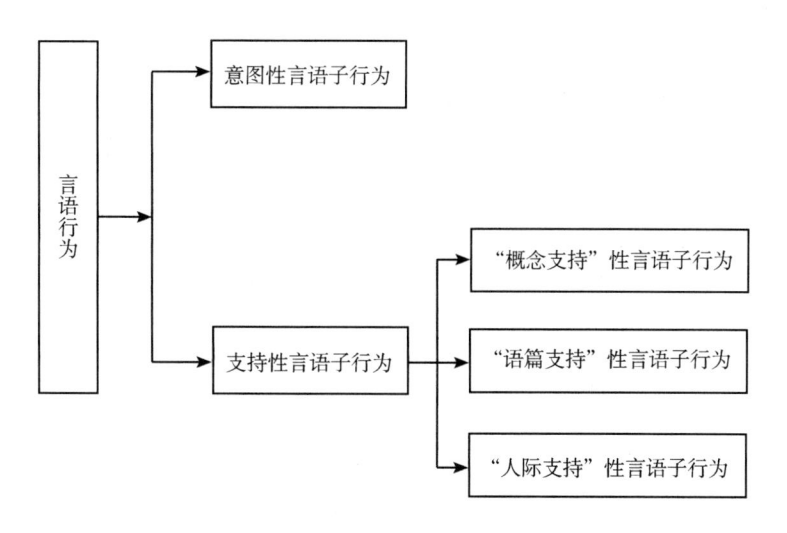

图 2　言语行为的基本结构

如"不是我说你，你这件事做得有点过分"中，意图性言语子行为是"你做得有点过分"，批评对方，而支持性言语子行为是"不是我说你"，用于缓和批评的语气，调节人际关系，这样对方更容易接受，使言语主体批评对方的意图可以更好地实现。但意图性言语子行为可能是零形式，只出现支持性言语子行为，如上例中言语主体可以只说"不是我说你"，但对方同样可以了解言语主体的意图，即旨在批评自己。另外，支持性言语子行为也可以是零形式，只出现意图性言语子行为，如上例中言语主体可以直接表达自己的意图"你这件事做得有点过分"。因此，言语行为有三种构成形式，如图 3 所示。

在言语行为中，意图性言语子行为是最常见的部分，是其核心成分，是无标记的，而支持性言语子行为则是支持性的，有标记的，可以称之为"言语行为标记"，"言语行为标记"与传统研究中的"话语标记""语用标记""元话语标记"在话语中的功能基本相同，它们所包含的具体语言成分也基本相同，可以有效覆盖以往研究中的"话语标记""语用标记""元话语标记"等标记性语言成分。

从言语主体意图实现方式的角度来分析传统意义上的"话语标记""语用标记""元话语标记"等语言成分的功能是适切的，它给我们提供一个全新的理论视角来认识这种语言现象，可以把话语标记、语用标记和

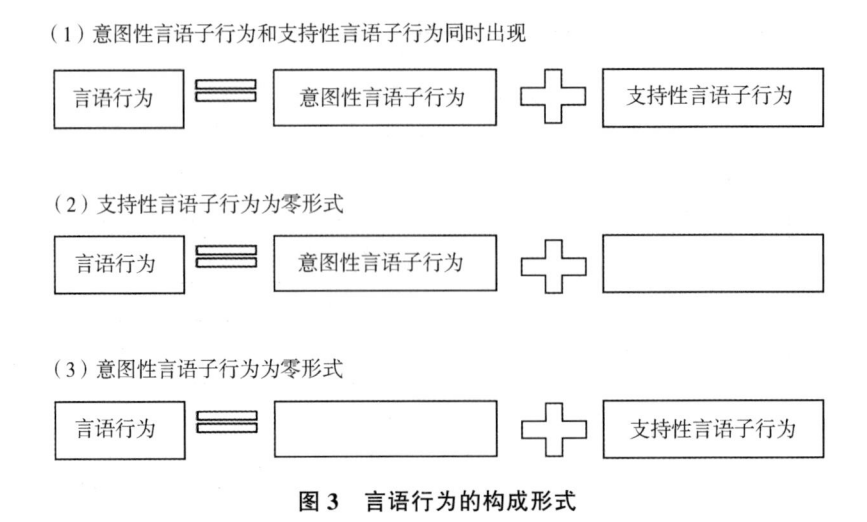

（1）意图性言语子行为和支持性言语子行为同时出现

言语行为 ＝ 意图性言语子行为 ＋ 支持性言语子行为

（2）支持性言语子行为为零形式

言语行为 ＝ 意图性言语子行为 ＋

（3）意图性言语子行为为零形式

言语行为 ＝ 　　　　　　　　　 ＋ 支持性言语子行为

图 3　言语行为的构成形式

元话语标记的研究对象统一到言语行为标记这一研究框架下面，并且可以解决学界长期以来对话语标记和语用标记在内涵界定、所具功能以及涵盖范围等问题上的争议，给我们提供一个对这种语言现象更清晰、全面的认识。

第三节　小结

本章介绍了研究的理论基础：语言元功能理论和"新言语行为分析"。

语言元功能理论认为语言同时具有概念、语篇和人际三种元功能，这三种元功能体现在语言的各个层面。人际功能是语言用来表达互动意义，表达说话人身份、地位、态度、动机及其对事物判断、评价的功能。

"新言语行为分析"把言语行为看作人类行为的一种，是人类用语言实施语用意图的行为。意图是"新言语行为分析"的核心概念，任何言语行为都是从言语主体的意图出发，根据具体的语境，遵循一定的规则，采取具体的语言手段或言语行为，最终实现言语主体的意图。

以意图实现为核心的言语行为的基本结构就是"意图性言语子行为+支持性言语子行为"，意图性言语子行为是对言语主体交际意图的直接诉求，而支持性言语子行为不直接诉求言语主体的交际意图，主要用来构建意图性言语子行为的合法性，以保证交际意图实现的有效性，它们构成了完整的言语行为。

结合语言元功能理论，我们可以把支持性言语子行为分为三类：（1）"概念支持性"言语子行为，构建命题的边界性和概念的准确性；（2）"语篇支持性"言语子行为，构建语篇的连贯性和话题的互文性，构建语篇的同一性和解释性；（3）"人际支持性"言语子行为，主要构建人际的互动性，传达言语主体的情感、态度，实现交际者之间的互动，从而促进言语主体交际意图的实现。因为意图性言语子行为是最常见的部分，是其核心成分，是无标记的，而支持性言语子行为则是支持性的，有标记的，因此可以称之为"言语行为标记"。由此，言语行为标记可分为"概念支持性""语篇支持性"和"人际支持性"三种类型，我们的研究对象为"人际支持性"言语行为标记。

第三章

"人际支持性"言语行为标记的功能描写模型

第一节 "人际支持性"言语行为标记的界定

一 "人际支持性"言语行为标记的定义

本书之所以采用"言语行为标记"这一术语，主要是因为我们是在"新言语行为分析"的理论框架下对这一语言现象进行考察的，"话语标记""语用标记"或"元话语标记"等术语不能确切描述我们的研究对象及其特点、功能，我们考察的重点是这些标记在言语主体实施言语行为、实现自己交际意图过程中的支持功能，并根据这些功能对言语行为标记进行分类，进而对其进行更加系统、详尽的分析。

按照胡范铸（2017）的定义，言语行为是言语主体通过言语实现自己交际意图的一个完整的过程，在此过程中存在几个重要的因素：说话人、听话人、双方的关系、具体的语境、说话人要实现的交际意图、说话人的言语以及听话人的反应。其中，在说话人的言语中，有传达说话人意图的部分，也有不直接传达意图，只协助意图的传达，对意图进行支持的部分，我们可以把传达说话人意图的部分称为意图性言语子行为，把对意图进行支持的部分称为支持性言语子行为。按照"语言标记理论"，标记是一个范畴内部存在的某种不对称现象，在语言分析的所有层次上都存在有标记和无标记的对立。（沈家煊，2015）判断有标记和无标记的标准是看某语言成分是否有区别性的特征，有区别性特征的就是标记性成分。言语行为是言语主体用言语实现交际意图的行为，交际意图是言语行为的核心。对于言语子行为来讲，意图性言语子行为是言语行为中直接表达意图的部分，是言语行为的主要部分，是无标记的，而与之相对，支持性的言语子行为不直接表达言语行为的意图，只对意图的实现起支持作用，有区别性特征，是有标记的，所以我们可以把支持性言语子行为称作标记性言语子行为或言语行为标记。

由此，言语行为标记可以初步定义为：在言语行为过程中，不直接表达言语主体的意图，只对言语主体意图的实现起支持作用的语言成分（词、短语或小句）。这一定义比一般意义上的"话语标记"的范围更广，因为一般认为话语标记主要是在话语或语篇层面起衔接、连贯作用的成分，本身不具有概念义，只具有程序义，而言语行为标记是所有不直接表达意图，只对意图性话语的实现起支持作用的语言成分，这些语言成分按照语言元功能理论可以具有概念、人际和语篇功能。另一方面，这一定义也比"语用标记"更加具有可操作性，因为语用标记只是一个宽泛的概念，指那些在交际中不表达真值条件语义，具有语用功能，帮助实现说话人人际意义的话语成分，按照弗雷泽（1996）的划分标准，它不仅包括话语标记，还包括表达态度、情感、评价的评论标记，表达基本信息之外的平行标记，以及以句子主语和谓语形式出现的基本标记，这个标准显得过于宽泛。费德里亚尼和桑索（2017）认为语用标记应该是属于社会和人际关系领域的功能标记，不应包括在语篇上起衔接、连贯功能的话语成分。但即使如此，语用标记还是没有清晰的理论框架，因为语用功能是一个宽泛的概念，很难根据语用功能对这些标记进行系统的、有逻辑的分析。"言语行为标记"有清晰的理论框架和划分标准，就是那些在言语行为中不直接表达言语主体的意图，而只是帮助实现意图的成分，这样更有利于对这一语言成分的功能进行分析与描写。

上文提到，支持性言语子行为或言语行为标记可以分为三类：概念性的、语篇性的和人际性的，分别在概念、语篇和人际三个层面对意图性言语子行为进行支持，促进言语行为的实施和言语主体意图的实现。

"概念支持性"言语行为标记是不直接表达言语行为的意图，而是对意图的实现从概念意义上进行支持的言语行为标记。它们本身具有概念意义，而且它们所表达的概念意义对意图性言语行为话语部分的命题意义是有影响的，对后者的成立起着限定作用。比如在陈述性言语行为"据气象台消息，明后两天会有强降雨"中，"据气象台消息"对意图性言语行为起到概念支持功能，说明"明后两天会有强降雨"这一预测是气象台做出的，是从气象台得到的消息，而不是说话人自己做出的判断。"据气象台消息"本身是具有概念义的，而且它的概念义构成话语命题意义的一部分，是命题成立的条件，把它去掉的话，整个话语的意义就发生了改变，这一言语行为就可能变为猜测，而不再是客观陈述。"概念支持性"言语行为标记的主要功能是对意图性言语子行为进行限制，说明言语主体所要表达的内容是在一定的条件下才能够成立的，离开了这些限制性条件，他（她）所传达的内容就会发生变化，就不再体现他（她）的真实意图了。换句话说，在这些言语行为中，言语行为标记表明意图性言语子行为成立的条件，它在整个言语行为中是不可缺少的部分，言语行为标记和意图性言语子行为构成了完整的言语行为。总之，"概念支持性"言语行为标记的特点是它们不直接表达言语行为的意图，但它们本身具有概念意义，而且这些概念意义对意图性言语子行为的成立起到限制性作用，是不可缺少的。

"语篇支持性"言语行为标记是不直接表达言语行为的意图，但可以促进言语行为话语部分的语篇连贯，从而对意图的实现起到支持作用的言语行为标记。比如在表达观点的言语行为"换句话说，这种方法还是起到一定作用的"中的"换句话说"，它在话语中可以省略，并不会影响后面话语部分的意义，不影响言语主体意图的传达（即言语主体的观点或判断：这种方法起到了一定的作用），它的主要作用就是使话语更连贯，使言语显得更流畅，或是对前面的话语进行进一步的解释，让听话人更容易理解和接受。"语篇支持性"言语行为标记的主要功能就是实现话语的连贯，而这种连贯可以是话题之间的保持、转换，或是不同言语片段之间内容上的呼应，或是前后言语片段之间的衔接、照应。它们的特点是本身可以具有概念意义，比如上文中的"换句话说"，也可以不具有概念意义，比如连词"但是"可以做"语篇支持性"言语行为标记，表示前后言语片段之间的转折，它本身并不表示什么概念，只是表明前后言语片段之间的逻辑关系，但不管这些标记本身具不具有概念意义，它们对话语的命题意义都没有贡献。

"人际支持性"言语行为标记在言语行为中起人际支持作用，即表达言语主体的情感、态度或者帮助实现言语主体与听话人之间的互动，使言语主体的表达内容更容易被听话人所接受，从而更好地实现言语主体的意图。比如在表达批评的言语行为"不是我说你，你这样做确实有点过分"

中，"不是我说你"就是"人际支持性"言语行为标记，这里的"说"具有批评的意思，"不是我说你"的意思就是"不是我批评你"，言语主体想要表达的意图是批评对方的某种做法，但直接说对方做得不好显得语气比较严厉，容易造成对方的尴尬，威胁到对方的面子，反而可能使对方对言语主体所说内容有排斥心理，不容易接受言语主体的观点，造成言语主体不能顺利实现自己的交际意图。使用言语行为标记"不是我说你"就可能缓和双方交谈时的紧张气氛，"不是我说你"并没有改变言语主体想要表达的内容，即批评对方，但可以使交际更顺畅，使自己想要表达的内容更容易被对方接受。"人际支持性"言语行为标记主要用来表达言语主体对所谈论内容或言语交际对象的情感、态度或促进交际双方的互动，它对意图性言语子行为话语部分的命题意义没有贡献，通常可以从话语中省略。

由此，"人际支持性"言语行为标记可以定义为：言语主体在实施言语行为过程中所使用的不直接表达交际意图，而是用来表达自己的情感、态度以及促进交际双方的互动以帮助实现言语主体交际意图的语言手段。这些语言手段包括词、短语和小句，它们一般独立于意图性言语子行为，对表达意图的话语部分的命题意义没有贡献，但通过它们本身人际意义的表达可以使听话人更容易接受言语主体所说内容，并做出言语主体希望看到的反应，从而帮助实现言语主体的交际意图。它们本身可能具有概念意义，可以表达一定的命题意义，但由于它们对表达意图的话语的命题意义没有贡献，所以在话语中通常可以省去，不会影响话语的命题意义和言语行为意图的表达，但可能会影响表达的效果，进而影响言语行为意图的顺利实现。

二 "人际支持性"言语行为标记与话语标记、语用标记及元话语标记的关系

已有研究中对话语标记、语用标记和元话语标记的探讨比较多，而对言语行为标记的探讨还相对较少，那么，（"人际支持性"）言语行为标记与话语标记、语用标记和元话语标记之间的关系是怎样的？它们之间有什么联系及区别？

目前学界关于话语标记和语用标记的定义及涵盖范围还存在不同的认识。按照希夫林（1987）的观点，"话语标记"是一个范围较广的概念，

指连接话语片段的由连接词、副词、语气词和小句构成的话语依附成分,这些依附成分对于话语理解来讲是一种语境坐标(参与坐标和文本坐标),指示出话语的参与者和所涉及的文本,它们有或者没有自己的概念义,而且它们自身的概念义在不同的话语中使用的程度不同,连接的话语片段越大,它们自己的概念义使用得就越少,它们在话语中的意义更多的是由特定语境中前后话语之间的语义、逻辑关系决定的。话语标记不创造话语的连贯,而是因为处在特定的话语位置,所以用来指示话语的连贯。话语标记在信息状态、参与框架、概念结构、行为结构和交换结构五个层面发挥作用。弗雷泽(1996)把话语标记看作语用标记的下位概念,是在语篇层面发挥作用,只具有程序义而不具有概念义的语用标记,用来指示一个话语片段与之前话语片段之间的关系。所以,他对话语标记的定义非常严格,话语标记所包含的范围也很有限。除了话语标记之外,语用标记还包括基本标记、评论标记和平行标记。布林顿(1996)则认为话语标记和语用标记是用于同一种语言现象的两个不同的术语,不同的研究者选择使用不同的名称,而她倾向于使用语用标记。为了避免众多研究中话语标记与语用标记概念不清和术语混用的问题,费德里亚尼和桑索(2017)把话语标记和语用标记从功能上做了区分,认为话语标记和语用标记是互不包含的两个概念,话语标记促进语篇的连贯,而语用标记调节人际关系。

  元话语是由哈里斯(Zellig Harris)于 1959 年提出的术语,后来由威廉姆斯(Williams,1981),范德·科普(Vande Kopple,1985),克里斯莫尔(Crismore,1989)等人不断地发展,它最初是指使文本生产者与文本之间、文本生产者与读者之间的互动概念化的一种方法,后来用于书面语和口语,指用于协助交际、支持观点、增加可读性、与读者或听话人建立联系的一种重要的手段。它把写作或说话看作一种社会性互动,它给我们提供了一种方式来理解我们是如何把想法表达出来以管理我们的交际意图的。海兰(Hyland,2005)认为人们通常简单地把元话语看作"关于话语的话语",这一定义强调了文本本身,但这是一种片面的、不能让人满意的观点,因为这些话语不仅仅用于组织语言,而且可以用于与读者或听话人互动,所以它应该包括具有连贯和人际特征的能帮助把文本和语境联系起来的各种异质的语言成分。没有元话语,读者或听话人就不能把文本语境化,作者或说话人就不能有效地交际。一般认为元话语不表达话语的命题意义。（威廉姆斯，1981；范德·科普，1985）克里斯莫尔（1989）认为元话语不增加命题意义，只是为了帮助读者或听话人组织、理解和评价说话人给出的信息。范德·科普（1985）认为元话语可以分为语篇性元话语和人际性元话语，语篇性元话语帮助把命题联系起来形成衔接、连贯的文本，人际性元话语帮助我们表达个性，表达我们对命题内容的反应以及与读者进行互动。不同学者"对元话语的定义各有侧重，但元话语是用于组织话语、表达作者对话语的观点、涉及读者反应的一种方法这一观点是为大多数人所接受的"（徐赳赳，2010）。元话语不仅包括语言形式，而且还包括非语言元素，比如用于口语的语音、语调、声音大小、物理距离、姿势、手势、面部表情等，以及用于书面语的标点符号、字体字形、手写打印等，而元话语标记就是元话语中的语言形式部分。（海兰，2005）或者说，"元话语标记就是指在语篇中对元话语形式进行标识的言语形式"（李秀明，2006）。由此，元话语标记就是话语中用来组织话语、表达观点和与读者或听话人互动的语言成分，从这个意义上来讲，元话语标记与以往研究中的话语标记和语用标记基本相同。

而言语行为标记是在"新言语行为分析"理论框架下提出的，是在语篇、人际和概念三个层面对言语主体的交际意图进行支持的语言手段。它与传统研究中的话语标记、语用标记和元话语标记在功能、特征和涵盖范围上会有很多重合，但不完全一致。

首先，在功能上，一般认为话语标记、语用标记和元话语标记能够指示或促进话语连贯（提出、保持、转换话题，转换、保持话轮，组织话语，实现话语形式和内容上的连贯），帮助表达说话人态度，促进人际互动，实现说话人意图，它们可以在语篇和人际层面发挥作用。而言语行为标记是言语主体所使用的促进交际意图实现的语言手段，它们可以在概念、语篇和人际三个层面提供支持作用。在概念支持方面，言语行为标记表达出命题成立的边界、程度和来源，成为话语命题成立的必要条件。（王蕊，2013）如果没有这些标记，话语的命题就不能成立或者变得不够准确，言语行为的意图也就无从实现。在语篇支持方面，言语行为标记可以帮助组织话语，使话语在形式和内容上前后连贯、通顺，有利于话语命题内容的准确传达，给听话人在理解话语内容方面提供线索，从而帮助说话人实现交际意图。而"人际支持性"言语行为标记可以帮助表达言语主体进行言说时的语气，对所谈论对象以及对听话人的情感、态度，帮助实现人际互动，从而实现言语主体的交际意图，这与弗雷泽（1996）所说的语用标记中的评论标记有一部分重合，而与费德里亚尼和桑索（2017）所界定的语用标记功能基本相同。

其次，在特征和涵盖范围方面，话语标记和语用标记一般被认为本身的概念意义不发挥作用，只有程序义在话语中起作用，可以从话语中省去不会影响话语的命题意义。它们涵盖了在话语中起连贯作用和帮助实现人际互动的一些连接词、副词、语气词和小句。言语行为标记分为三类：对言语行为意图在语篇上起支持作用的；在人际上起支持作用的；在概念上起支持作用的。其中具有语篇支持功能的言语行为标记与弗雷泽（1996）或费德里亚尼和桑索（2017）所说的话语标记在涵盖范围上大致相当，概念意义一般不发挥作用，省去之后不影响话语的命题意义。"概念支持性"言语行为标记的概念义对话语的命题意义有影响，只有加上它的概念义之后，话语的命题意义才成立或者才准确，所以它不能从话语中省去，这种言语行为标记与话语标记和语用标记没有重合。"人际支持性"言语行为标记与费德里亚尼和桑索（2017）所说的语用标记的功能和特征类似，都指具有表达说话人主观态度或促进交际双方互动的功能，对话语的命题意义没有贡献的语言成分。

三 "人际支持性"言语行为标记与言语行为类型的关系

"言语行为标记"这一术语容易让人想到它与言语行为类型之间的联系，比如，言语行为标记都用于什么样的言语行为，起着怎样的作用，它们与言语行为类型是否存在对应关系。

言语行为类型的划分都是按照一定的标准。上文提到，奥斯汀按照言语行为中的施为动词的意义把言语行为分为：裁决行为、施权行为、承诺行为、表态行为和阐述行为；塞尔根据言语行为的目的、适应方向、表达出的心理状态或真诚条件等标准把言语行为分为：断言行为、指令行为、承诺行为、表情行为和宣告行为；哈贝马斯根据言语行为的有效性要求把言语行为分为：记述式、调节式和表现式言语行为。

言语行为标记可以从功能、形式、位置等不同的角度划分为不同的类别，本研究是从功能的角度对言语行为标记进行划分的。从语言的元功能来讲，言语行为标记可以在语篇、人际和概念方面对言语主体的意图起到支持作用，根据这些具体的功能，言语行为标记可以划分为不同的类别。

它不是对意图性言语子行为功能的考察，更不是对话语中动词意义的考察。如果是从语篇支持角度考察，所关注的重点就会是言语行为标记如何促进语篇的连贯、话题的互文，具体手段为何。如果从概念支持角度考察，就会从言语行为在限定命题成立边界的具体功能的角度进行类型划分。本书主要考察"人际支持性"言语行为标记在促进人际互动和言语主体意图的实现方面发挥什么功能，并根据具体的功能对"人际支持性"言语行为标记进行类型的划分。

所以，"人际支持性"言语行为标记是用来帮助言语主体实现人际互动和交际意图的，它的类型应该根据其在帮助实现言语主体人际互动和交际意图过程中的功能及方式来划分。因此，由于分类的角度和理论起点不同，"人际支持性"言语行为标记的类型和言语行为的类型并不存在直接关联，更不会一一对应。

第二节 "人际支持性"言语行为标记的功能描写模型

相关研究中已经对与"人际支持性"言语行为标记功能相当的语言成分（具有人际功能的话语标记、语用标记、元话语标记）进行过不同的分析与分类。

弗雷泽（1996）把语用标记分为基本标记、评论标记、平行标记和话语标记，其中评论标记是对基本信息进行评论的语用标记，它包括评价标记、说话方式标记、证据标记、影响标记、传闻标记、缓和标记和强调标记；平行标记标记基本信息和评论信息之外的信息，包括呼语、不悦标记、团结标记等。"人际支持性"言语行为标记的主要功能是传达言语主体的情感、态度和促进与听话人的互动，所以它应该包括弗雷泽所说的评论标记和平行标记的一部分，因为评论标记表达说话人对所谈论事物的看法和态度。但我们认为其中的传闻标记不应包含在评论标记之中，因为传闻表明命题成立的来源，更多的是具有概念意义而不是人际意义。另外，平行标记中的不悦标记传达说话人的情感，同样传达人际意义，所以应该包含在我们所定义的人际支持性言语行为标记之中。

布莱克莫尔（1996）从认知关联的角度把话语连接词（话语标记）分为三类：加强已知语境假设的话语连接词、否定原有语境假设的话语连接词和产生隐含语境的话语连接词。

海兰（2004）把人际互动性（interactional）元话语标记（调节说话者与听话人关系的元话语标记）分为含糊表达标记（hedges）、强化标记（boosters）、态度标记（attitude markers）、自我提及标记（self mentions）和读者参与标记（engagement markers）。我们认为含糊表达标记、强化标记、态度标记和参与标记都属于我们所要谈论的"人际支持性"言语行为标记的范围，但含糊表达和强化标记与其他的类别并不在一个层次上，它们都属于态度标记的范畴，是态度标记的下位概念，而自我提及标记（如 I, we, my, me, our）不属于我们所要讨论的"人际支持性"言语行为标记的范围。

李秀明（2006、2011）认为人际性的元话语标记分为含糊表达标记语、明确表达标记语、态度评价标记语和交往主体标记语，其中态度评价标记语又分为话语评价标记语和言语行为评价标记语，交往主体标记语又分为基于礼貌原则的言语方式标记语、召唤读者标记语和信息状况标记语。我们认为这几个大的类别不在同一个层次上，所以互相之间会有重合，因为含糊表达和明确表达只是表达方式，它们也用来传达说话人的态度，应该属于态度评价标记，另外，交往主体标记语也同样传达态度评价。

冉永平（2000）把语用标记分为：话题标记、证据标记、推理标记、换言标记、言语方式标记、对比标记、自评标记和言语行为标记。（转引自韩戈玲，2005）这里的语用标记是广义的语用标记，不仅包括帮助话语组织的标记，如话题标记、推理标记、换言标记、对比标记，也包括表达态度的标记，如言语方式标记、自评标记，而证据标记应该属于概念性的，因为它表明了命题成立的条件。另外，在此分类中，言语行为标记（如"我告诉你""你说实话"）被作为语用标记的一种，它的主要功能是帮助实现说话人与听话人的互动，而我们理论框架里的言语行为标记是一个上位概念，它应该包括所有其他类别的语用标记。

刘丽艳（2005）把表达人际互动功能的话语标记分为非中心交际活动中的人际互动标记和中心交际活动中的人际互动标记，非中心交际活动中的人际互动标记又分为提示交际进程标记和标示交际状态标记，中心交际活动中的人际互动标记又分为对语境假设的限制标记和对认知结果的限制标记。

韩戈玲（2005）把语用标记分为：互动引发标记、序列标记、态度标记、示意语力标记、策略标记和信息强化标记。

殷树林（2012a）把话语标记分为语篇标记、人际标记和互动标记，其中人际标记分为：证据标记、态度标记、言语行为标记、面子标记和主观化标记；互动标记分为：引发标记、应对标记、提醒标记、征询标记、踌躇标记和分享标记。我们认为互动标记也属于人际标记，所以人际标记和互动标记应该合并为一种，即人际标记，而证据标记主要是表明命题成立的来源，应该属于概念性的标记，而不是人际标记，另外，按照我们的理论框架，言语行为标记是语篇性标记、人际性标记和概念性标记的上位概念，所以不应包含在人际标记里面。

王蕊（2013）把"人际支持性"言语行为标记分为互动功能标记和评价功能标记，其中，互动功能标记分为请求关注标记和请求认同标记，评价功能标记分为礼貌标记和态度、方式标记。我们认为礼貌标记和态度、方式标记并不在同一层次，因为所有的"人际支持性"言语行为标记（包括礼貌标记）都可以传达态度。

在参考以上分类的基础上，根据"新言语行为分析"的理论框架，我们对"人际支持性"言语行为标记的分析框架进行重新构建。

根据"新言语行为分析"，一个完整的言语行为由意图性言语子行为和支持性言语子行为构成，而言语行为标记即支持性言语子行为在言语行为实施过程中对意图性言语子行为在概念、语篇和人际功能方面起支持性作用。"人际支持性"言语行为标记是那些在言语行为中不直接表达言语主体的意图，而是主要用来传递情感、态度，促进言语主体与听话人之间的互动，从而帮助言语主体实现交际意图的言语支持性成分。根据言语主体利用"人际支持性"言语行为标记与言语交际对象所进行的不同的互动方式和信息传递方式，我们可以从总体上把它们分为三种类型：言语主体用来向对方单向表达想法的，我们可以称之为宣示标记；言语主体用来对对方的话语进行回应的，我们可以称之为回应标记；言语主体用来寻求对方回应的，我们可以称之为求应标记。

我们认同布林顿（2008）关于语用标记（话语标记）的人际功能是主观性功能和互动功能的观点，认为"人际支持性"言语行为标记的功能同样是主观性功能和互动功能：宣示标记用来表达言语主体的主观情感、态度，主要发挥主观性功能，而回应标记和求应标记涉及言语主体与言语交际对象之间的互动，同时发挥主观性功能和互动功能。具体解释如下。

第一，宣示标记。言语主体的意图是传达自己对事物的态度、评价和感受，让言语交际对象了解自己的想法，明白自己的态度或感受到自己的情感，我们把帮助实现言语主体这一意图的言语行为标记称作宣示标记。比如，"遗憾的是，他虽然付出了巨大的努力，最后还是没能成功"中的"遗憾的是"帮助表明言语主体对命题的态度。又如，"在我看来，你这样做真的不值得"中的"在我看来"则用来强调言语主体的立场。这些标记不是话语中命题的一部分，对命题意义没有贡献，可以从话语中去掉，它们的功能就是传达主观性，向言语交际对象宣示言语主体对命题或对对方的情感、态度。宣示标记中言语主体与言语交际对象的信息传递方式如图所示：

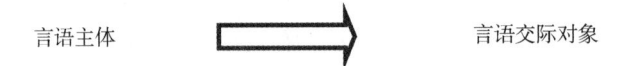

言语主体　　⟹　　言语交际对象

第二，回应标记。言语主体听到对方的话语，然后对对方的话语做出回应，这种回应可能是主动的，也可能是被动的，言语主体的目的是与言语交际对象在互动中实现自己的交际意图，我们把在此过程中帮助实现言语主体意图的言语行为标记称作回应标记。比如，"瞧您说的，我是那样的人吗？"中的"瞧您说的"就是帮助对对方所说话语进行回应，根据后面的表达"我是那样的人吗？"可知它在话语中表达言语主体对对方话语的否定和某种程度的不满的态度，它的功能是人际性的，表达态度，实现互动，它对话语的命题意义（"我不是那样的人"）没有影响，可以从话语中去掉。回应标记中言语主体与言语交际对象的信息传递方式如图所示：

言语主体　　⟵⟶　　言语交际对象

第三，求应标记。言语主体主动发出话语或施行某种言语行为，目的是寻求对方对自己话语做出相应的回应或反应从而实现交际意图，我们把在此过程中帮助言语主体实现意图的言语行为标记称作求应标记。比如，

第三章 "人际支持性"言语行为标记的功能描写模型

"你说,我穿这件衣服好看吗?"中的"你说"本来可以不说,后面的"我穿这件衣服好看吗?"就可以表达出言语主体的意图,即征求对方对穿这件衣服效果的意见,但"你说"在话语中并不是多余的,它帮助言语主体实现人际互动,因为"你说"具有明显的指向性,要求对方明确针对所问内容发表意见,表明态度。求应标记中言语主体与言语交际对象的信息传递方式如图所示:

言语主体　⟵　言语交际对象

由此,"人际支持性"言语行为标记的总体分析框架如图 4 所示:

```
                      ┌─ 宣示标记
「人际支持性」言语行为标记 ─┼─ 回应标记
                      └─ 求应标记
```

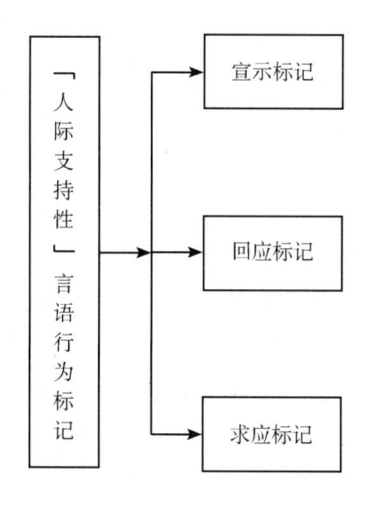

图 4 "人际支持性"言语行为标记的总体分析框架

在进行以上总体分类的基础上,我们根据对已收集语料的分析对具体的标记进行归类与功能分析。

我们所收集的言语行为标记主要有两个来源:(1)李宗江、王慧兰(2011)的《汉语新虚词》;(2)已有的有关话语标记、语用标记和元话语标记的研究中讨论过的标记语。《汉语新虚词》一书讨论的不是传统意义上的虚词,书中收录了很多由于语法化和词汇化而具有一定熟语性、不同程度上脱离了原来语义的词或短语,其中相当一部分是学界称之为话语标记或语用标记的成分,它们也符合我们对"人际支持性"言语行为标记的界定标准，我们就把它们作为研究对象的部分来源。另外，已有文献中有很多关于话语标记、语用标记和元话语标记的研究，其中有相当一部分是关于具有人际意义的话语标记、语用标记和元话语标记的，但许多相关研究只是对单个标记的功能进行探讨，缺乏系统性，总体上缺乏一个连贯的理论指导，因此对这些标记的功能的探讨显得混乱，难以形成对这一语言现象的功能的全景式的描写。因此，我们在本书中利用语言元功能理论和"新言语行为分析"对这些标记进行重新整理与分析，以期系统地呈现这一语言现象的功能面貌。

《汉语新虚词》一书中共收录词语（包含变体）1400个，我们对这些词语进行一一分析、排除，最后选出具有人际意义的词语458个（不包含变体）。通过对已有文献中出现过的话语标记、语用标记和元话语标记的整理、筛选，最后确定具有人际意义的标记语141个。这两部分来源的表达式有一部分是重复的，我们把重复的部分合并，又加上文献中没有讨论到而我们认为具有人际意义的一些表达式，最后共得到546个标记。

之后，把每个表达式输入北京大学CCL、中国传媒大学MLC和北京语言大学BCC等语料库，搜索包含这些标记的例句，在具体的例句中提取它们的语义参数，分析它们的功能，把不具有典型人际功能的表达式剔除，保留具有明显人际意义的表达式，把具有相近形式与意义的表达式合并，再根据我们对"人际支持性"言语行为标记的定义，即"言语主体在实施言语行为过程中所使用的不直接表达交际意图，而是用来表达自己的情感、态度以及促进交际双方的互动以帮助实现言语主体交际意图的语言手段"，最后认定207个表达式为典型的"人际支持性"言语行为标记，并按照上文对"人际支持性"言语行为标记的总体分类把筛选出的标记进行整理，分别归到宣示标记（共106个，占51.2%）、回应标记（共29个，占14.0%）和求应标记（共72个，占34.8%），并对每一类标记的功能进行进一步的分析。选出的具体标记如下。

1. 宣示标记包括：

（更）重要的是、（毫）不客气地说、（你）（也）（还）（真）别说、（你）别看、（我们）可以说、摆明了、不可否认、不夸张地说、不能不说、不巧（不巧的是、很不巧）、不消说、不言而喻、不用说（问）、瞅这意思、的确（确实）、敢情、干脆讲（说）（吧）、公平地讲（说）、公正地讲（说）、乖乖、关键（关键是、关键在于）、好家伙、好嘛（么）、合着、很明显、很遗憾、叫我说、具有讽刺意味的是、看得出来、看来、看起来、看上去、看似、看样子、看这意思、可见、可气的是（更可气的是）、可惜（可惜的是）、可以这么（样）说、可知、客观地讲（说）、客观公正地讲（说）、客观来讲（说）、老实讲、老实说、老实说吧、令人高兴的是、令人兴奋的是、明摆着、你瞅瞅、你看看、你瞧瞧、你说说、其实、让人伤心的是、让人生气的是、让我说、实话实说、实话说、实际上、实事求是地说、实在说、事实上、说穿（白）了、说到底、说到家、说到头儿、所幸（的是）、坦白地讲（说）、坦白讲（说）、坦诚地讲（说）、坦率地讲（说）、我（就）说嘛、我觉得（说）、我看、我认为、我说什么来着、我想、我寻思、我以为、我琢磨、无疑（毫无疑问、毋庸置疑）、显而易见、显然、要命的是（更要命的是、最要命的是）、要我说、依我看、依我说、遗憾的是（令人遗憾的是）、应当（该）说、由此可见、由此可知、有趣的是、在我看来、糟糕的是（更糟糕的是、最糟糕的是）、照我说、照直讲（说）吧、这么说、这么说来、这么一来、这样说来、这样一来、真是（的）、值得一提的是（特别值得一提的是、尤其值得一提的是、更值得一提的是）、值得注意的是、主要是

2. 回应标记包括：

拜托、不是、得、得了、得了吧、得了吧你、的确、好吧、好不好、好吗、话不能这样说、话不是这样说的、就是、就是说、看（瞧）你说的、可不（是）、拉倒吧（你）、哪儿的话、哪儿呀、哪里的话、你得了、确实什么呀、是这么回事、是这样（的）、我的意思是（说）、我是说、这么说吧、真是

3. 求应标记包括：

（你）方便的话、（你）要知道、（如果）（你）不介意的话、（如果）（要是）你愿意的话、（如果）可以的话、不瞒你说、不是我

批评你、不是我说你、从内心来讲、大家知道、斗胆说一句、对吧、对不、对不对、告诉你、讲老实话、冒昧地说一句、你比方说、你比如说、你猜怎么着、你看（看）你、你譬如说、你瞧（瞧）你、你说、你说（说）你、你说说、你说说看、你想、你想想、你想想看、你像、你知道、平心而论、凭良心说、实不相瞒、是吧、是不、是不是、恕我直言、说句良心话、说句实话、说句实在话、说句心里话、说句真心话、说实话、说实在的、说真的、我把丑话说在前面、我把丑话说在前头、我把话搁这儿、我把话撂在这里、我把话说前面、我把话说前头、我告诉你、我跟你讲（说）、我可告诉你、我们讲、我们说、我们知道、我说、要不这样、依你看、有句话不知当讲不当讲、在你看来、咱可把话说在前头、这么的、这么的吧、这么着、这么着吧、这么着得了、这样、这样吧

第三节　小结

本章对"人际支持性"言语行为标记这一概念进行了界定，认为"人际支持性"言语行为标记即言语主体在实施言语行为过程中所使用的不直接表达交际意图，而是用来表达自己的情感、态度以及促进交际双方的互动以帮助实现言语主体交际意图的语言手段，并讨论了"人际支持性"言语行为标记与话语标记、语用标记、元话语标记以及与言语行为类型的关系。然后根据言语主体与言语交际对象之间不同的互动方式和信息传递方式，从总体上把"人际支持性"言语行为标记分为三种类型：宣示标记，言语主体用来向对方单向表达自己想法的标记；回应标记，言语主体用来对对方话语进行回应的标记；求应标记，言语主体用来寻求对方回应的标记。最后，通过初步分析，把搜集到的207个具有人际支持功能的言语行为标记归到相应的类别下面。

第四章

宣示标记

上文中，我们根据言语主体利用"人际支持性"言语行为标记与言语交际对象所进行的不同的互动方式和信息传递方式，从总体上把"人际支持性"言语行为标记分为宣示标记、回应标记和求应标记。宣示标记用来向对方单向表达言语主体的想法，回应标记用来对对方的话语进行回应，而求应标记是言语主体用来寻求对方回应的言语行为标记。本章详细讨论"人际支持性"言语行为标记的第一种类型：宣示标记。

所谓"宣示"，即"公开表示；宣布"（《现代汉语词典》第7版）。它是言语主体把自己内心想要表达的内容公开表达出来的行为。它的主要特点可以归纳为：（1）单向性。言语主体进行宣示的目的是把自己想要表达的内容向目标受众单向表达出来，让对方了解，并不一定要求对方对自己的表达做出回应。（2）主观性。宣示是一个主观性很强的行为，言语主体所要公开表达的内容通常是他们自己对事物主观性的看法。（3）形式的多样性。宣示可以以口头的方式进行，也可以以书面的形式进行，还可以以行为或行动的方式来实现，我们在本书中针对的是从口头上所进行的宣示。宣示的内容根据其性质一般可以分为言语主体对特定事物或人所持的观点、态度和情感。

宣示标记不同于宣示行为本身，它并不表达言语主体所要宣示的具体内容，只是用来标记宣示行为，传递出言语主体的态度、评价和感受，引出真正的宣示行为，帮助宣示行为的顺利实施，实现言语主体公开表达想法、态度和感受的目的。因此，宣示标记可以定义为：言语主体在实施宣示行为时用来表达自己观点、态度和情感以帮助实现自己交际意图的言语行为标记。它不改变言语行为中话语的命题意义，主要功能是表达主观性，表达言语主体对所谈论事物或对言语交际对象的看法、评价及感受。语言的主观性就是说话人在言说时可以表现出自己的立场、态度和感情的一种特性。(沈家煊,2001)本维尼斯特(Benveniste)认为在言语行为中,行为动词(performative verbs)可以用作主观性标记(markers of subjectivity),让说话人在说出话语的同时也对话语进行评论,并且表达自己对所说内容的态度。(转引自 Lyons,1977)在宣示标记中,不仅有包含行为动词"说""讲""看""想"等表示言说动作及言语主体观点的表达式,而且有很多包含表示言语主体的"我"和言说对象的"你"的人称代词的表达式,这些表达式都具有主观性特点,有帮助表达言语主体的立场、态度和情感的功能。

我们对文献中出现的与宣示标记相关的研究进行整理,发现已有相关研究主要讨论了如下一些标记:(你)别看、(你)别说、不用说、关键是、毫无疑问、毋庸置疑、看来、看起来、这么说、这么说来、可见、其实、说白了、所幸、我看、我想、我(就)说嘛、我说什么来着、要我说、真是(的)、重要的是、遗憾的是。通过对这些研究的回顾和对我们所收集语料的分析,我们对这些标记的功能进行一个初步的总结,它们总体上具有以下功能:(1)表达言语主体的态度;(2)表达言语主体对事物的认知;(3)宣示言语主体的观点、评价、判断、推论、强调;(4)传达言语主体的情绪。但这些功能之间有重合,并不具有逻辑性,需要我们加以进一步的分析与整理。当然,我们所列出的一些标记在以往的研究中还未谈到,但它们也符合宣示标记的定义标准,我们也把它们纳入讨论范围。

关于表达情感、态度等的评价性语言,马丁和怀特(Martin & White, 2005)曾进行过专门、系统的研究,提出了评价系统理论(Appraisal System Theory),我们可以结合上文得出的关于宣示标记的初步结果,并借鉴该理论对宣示标记进行初步的分类。评价系统理论把表达各种感情的意义系统称为态度,这个系统包含三个语义区域(semantic regions),即情感(emotion)、伦理(ethics)及美学(aesthetics)。情感(emotion)处于这些语义区域的中心,它是对行为、文本/过程和现象的情绪上的反应,从伦理角度对行为所进行的评价或评估被称为判断(judgement),而从美学角度对文本/过程、自然现象的评价或评估被称为鉴赏(appreciation)。情感、判断和鉴赏构成态度,表达人际意义。我们采纳马丁和怀特关于情感是态度的一部分的观点,但我们认为态度应该体现在人际意义的各个方面,除了情感意义之外,还应该有表达言语主体认知情态的,表达他们对事物看法的内容，这些看法不仅仅是判断，或许使用"观点"或"评论"会比"判断"更合适，涵盖范围更广。

因此，我们借鉴评价系统理论，结合已有研究中对宣示标记的功能总结，根据所宣示内容的不同性质，把表达情感的宣示标记单独作为一类，称为情感宣示标记，把表达言语主体观点、看法、评论的宣示标记称为观点宣示标记或评论标记。此处的"观点宣示标记"是一个总称，它指的是用来引出言语主体对所谈论事物的具体观点、看法或评论的言语行为标记，它本身可能也具有表达言语主体对所谈论事物的观点、态度的功能，因此，它包括所有可以引出或表达言语主体态度、观点或评论的宣示标记。此处我们所划分的"观点宣示标记"与弗雷泽（1996）所讨论的评论标记的功能基本相同，因此，我们也可以把它们称为"评论标记"。由此，我们从总体上把宣示标记分为情感宣示标记和观点宣示标记（或称作"评论标记"）（见图5）。情感宣示标记主要是在言语行为中用来表达言语主体的情感，从而对言语行为的意图进行强化、支持；观点宣示标记主要用来引出或表明言语主体对所谈论对象的看法，它们不单独构成言语行为，而是对意图性言语子行为起人际支持作用。

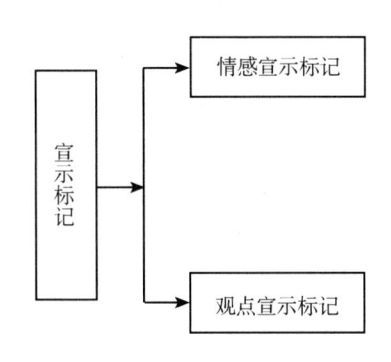

图 5　宣示标记的基本结构

在初步构建宣示标记功能类别的基础上，我们通过分析此类下属具体标记的语义参数，根据它们的主要语义、功能把它们分别归到情感宣示标记和观点宣示标记框架下。结果如下。

情感宣示标记包括：

（你）别看、敢情、乖乖、好家伙、好嘛（么）、合着、你瞅瞅、

你看看、你瞧瞧、你说说、我（就）说嘛、我说什么来着、真是（的）

观点宣示标记包括：

（更）重要的是、（毫）不客气地说、（你）（也）（还）（真）别说、（我们）可以说、摆明了、不可否认、不夸张地说、不能不说、不巧（不巧的是、很不巧）、不消说、不言而喻、不用说（问）、瞅这意思、的确（确实）、干脆讲（说）（吧）、公平地讲（说）、公正地讲（说）、很明显、很遗憾、叫我说、具有讽刺意味的是、看得出来、看来、看起来、看上去、看似、看样子、看这意思、可见、可气的是（更可气的是）、可惜（可惜的是）、可以这么（样）说、可知、客观地讲（说）、客观公正地讲（说）、客观来讲（说）、老实讲、老实说、老实说吧、令人高兴的是、令人兴奋的是、明摆着、其实、让人伤心的是、让人生气的是、让我说、实话实说、实话说、实际上、实事求是地说、实在说、事实上、说穿（白）了、说到底、说到家、说到头儿、所幸（的是）、坦白地讲（说）、坦白讲（说）、坦诚地讲（说）、坦率地讲（说）、我觉得（说）、我看、我认为、我想、我寻思、我以为、我琢磨、无疑（毫无疑问、毋庸置疑）、显而易见、显然、要命的是（更要命的是、最要命的是）、要我说、依我看、依我说、遗憾的是（令人遗憾的是）、应当（该）说、由此可见、由此可知、有趣的是、在我看来、糟糕的是（更糟糕的是、最糟糕的是）、照我说、照直讲（说）（吧）、这么说、这么说来、这么一来、这样说来、这样一来、值得一提的是（特别值得一提的是、尤其值得一提的是、更值得一提的是）、值得注意的是、主要是

对于这些标记的功能，我们下面进行具体的分析。

第一节 情感宣示标记

情感宣示标记是言语主体用来表达某种情感或情绪，加强言语行为的实施效果，帮助实现交际意图的言语行为标记。一般情况下，情感宣示标

记在言语行为中已经失去了它们的字面意义，在不同的语境中帮助言语主体表达不同的情感，从而帮助实施意图性言语子行为。

关于情感的类别，马丁和怀特（2005）从六个角度进行了划分：（1）在一种文化中被认为是积极的（positive）还是消极的（negative），比如高兴或悲伤；（2）是否涉及某种具体化的副语言或超语言的明示（paralinguistic or extralinguistic manifestation），或作为一种情感状态或心理过程的更加内在的体验，从语法角度来讲，就是行为过程（比如：She smiled at him）、心理过程（比如：She liked him）和关系过程（比如：She felt happy with him）的区别；（3）是对外在事物做出的反应（比如：the captain disliked leaving），还是没有指向性的情感（比如：the captain was sad）；（4）情感的强烈程度，比如不喜欢（dislike）、讨厌（hate）与憎恨（detest）；（5）涉及愿望还是情感心理状态，如 I'd like to 与 I like it；（6）涉及是否高兴（un/happiness）、是否安全（in/security）与是否满意（dis/satisfaction），是否高兴与内心有关（如：sadness, hate, happiness and love），是否安全与社会的安宁有关（如：anxiety, fear, confidence and trust），是否满意与目标的追求有关（如：displeasure, curiosity, respect）。

但我们通过对情感宣示标记的分析发现，这一类标记在使用中已经脱离了它们的字面意义，在不同的语境中可能具有不同的话语意义，可以用来表达言语主体不同的情感，它们的功能是由其所在的具体语境决定的，在不同的语境中同一个标记可能有完全相反的意义和功能，所以很难对这些标记的功能进行进一步的分类。

在我们所列出的情感宣示标记中，有些标记在已有研究中已经被讨论过，但有些还没有被提及，我们根据"人际支持性"言语行为标记的定义以及对它们功能的分析，认为这些表达式都属于情感宣示标记，都列入我们的讨论范围。情感宣示标记包括：真是（的）、我（就）说嘛、我说什么来着、敢情、（你）别看、好家伙、好嘛（么）、你说说、你瞅瞅、你看看、你瞧瞧、乖乖、合着。

我们的写作体例为：先是典型案例分析，然后是其他标记分析，以下各类别标记的分析均沿用此体例。

1. 典型案例分析

"真是（的）"

已经有一些研究讨论过"真是（的）"做话语标记或语用标记的用

法。董祥冬（2009）认为做话语标记的"真是"联系的是未然或不定的事实，在话语中发挥假设和关联的功能，比如他举的例子："真是他偷走了材料，我们一定从严处理。""真是今天就开始考试，那么他们一定会考得一塌糊涂。"他认为这个用法里的"真是"具有假设的功能。郑娟曼（2010）认为"真是（的）"是贬抑性习语构式，具有"责怪"义。王幼华（2011）认为"真是的"的语义有肯认和埋怨两类。李小军（2011）认为"真是（的）"具有负面评价功能，负面评价可以分为不满、抱怨、责怪等不同的层级。郭晓麟（2015）认为"真是的"是评述性语用标记，它的核心功能是负面评价，常用于和缓型批评指责场景，具有较强的主观性。李先银（2015、2017）认为"真是"是话语否定标记，它的核心话语意义是表达话语否定，在具体语境中表现为不同的语义强度和情感强度，如斥责、责怪、抱怨、嗔怪等。吴德新（2017）认为"真是"的语用意义有肯定、不满、抱怨等。从以上研究可以看出，研究者大多认为"真是（的）"主要具有话语否定和负面评价功能。

我们通过北京语言大学现代汉语语料库文学库对"真是"一词进行搜索，在得到的26010个结果中按照"人际支持性"言语行为标记的判定标准（即不直接表达言语主体的意图而只对意图性部分的实现在人际方面进行支持的语言成分）进行筛选，结果共选出123个可以把"真是"看作"人际支持性"言语行为标记的例子。经过分析，我们发现有107个例子中的"真是"主要用于表达言语主体的情感或情绪，16个例子中的"真是"是回应性的言语行为标记。在表达情感的例子中，有56个用于表达言语主体的感叹，有20个表达责怪，有14个表达不满，有10个表达抱怨，有4个表达恼怒，有两个表达不屑，有1个表达抱歉。各种功能所占比例如表2所示：

表2　　　　　言语行为标记"真是"的功能分布

功能 标记	表达情感							回应
	感叹	责怪	不满	抱怨	恼怒	不屑	抱歉	
数量	56	20	14	10	4	2	1	16
占比	45.5%	16.3%	11.4%	8.1%	3.3	1.6%	0.8%	13%

在56个表感叹的标记当中，有4个是表达正面意义的感叹，有28个是表示负面或否定意义的感叹，还有24个的感叹语气只是对所谈论事物

发出感慨，并不带有明显的正面或负面意义。在所有 123 个标记中有 79 个表达负面或否定的语气，占所统计全部标记的 64.2%。由此，我们证实了已有研究中的一些结论，即"真是"的主要人际功能是表达负面或否定意义，但我们进一步认为"真是"的负面或否定意义主要表现在情感的表达上，即"真是"的主要功能是表达言语主体对所谈论事物或交谈对象的负面或否定的情感。这些情感包括：具有否定意义的感叹、责怪、不满、抱怨、恼怒、不屑、抱歉，其中责怪又分为对别人一般性的责怪、嗔怪和对自我的责怪（自责），不满的对象一般是人，而抱怨的对象一般是事物或状态。

"真是"所表达的具体情感功能举例如下：

（1）（郭祥回到家乡，全村男女老少一批接着一批来看他，孩子们挤不进去，纷纷登上鸡窝爬满了窗台）杨大妈笑着对郭祥妈说："真是！咱们村哪家娶新媳妇，也没这么热闹呢！"（魏巍《东方》）

（2）大妈赶忙把饼翻过来，已经焦黑了一大片。大妈笑着说："真是！人一高兴，也出事儿！"（魏巍《东方》）

（3）真是！不回家想家，家来不到三天就腻味啦。你说是不是，嘎子？（魏巍《东方》）

（4）黛娜，你不知道你是给白后陛下擦脸吗？真是，你这样太失礼了！（玉箫萧《致爱丽丝》）

（5）"结什么婚？真是！一点定性也没有就结婚！"他佯嗔轻责，话中有话。（李碧华《霸王别姬》）

（6）我站了起来，正要说话，马利亚已经轻轻的进来，站在门边，垂手说："小姐，晚饭开齐了。"R 小姐吃惊似的，笑着站了起来，说："真是，说话便忘了时候，×先生，请吧。"（冰心《关于女人》）

（7）他的朋友回答道："我说过我以为我可以做点好事。""你以为！你以为！真是，你的话真让我厌烦透了。"（夏洛蒂·勃朗特《简·爱》）

（8）每个人拉开椅子，在桌边坐下。胖子西尔维道："真是，今天样样倒霉。我的黄豆煮羊肉也烧焦了。也罢，就请你们吃焦的吧。"（巴尔扎克《高老头》）

(9) 无理由地出气似的把上身的小衫倒剥下来,她就翻身向着墙壁躺下了。恰在此时,一个人闯进来,气咻咻地嚷着:"真是,那些混蛋,混蛋!"(茅盾《蚀》)

(10) 埃戛已经厌烦了,又最后进行了一下恐吓:"一句话,达马祖,是收回还是决斗?""收回?"达马祖吞吞吐吐地说,为了尊严,他强装出一副傲慢的样子,而全身却在发抖。"收回什么?真是!说得轻巧!我会是那种收回自己说过话的人!"(埃萨·德·凯依洛斯《马亚一家》)

(11) 秀子抬起头来,谦逊腼腆地微笑说:"我们到达的那一天,听说你们去接了两次,都没有接着。真是,夜里那么冷,累你们那样来回地跑,我们都觉得非常地……非常地对不起!"(冰心《尼罗河上的春天》)

例(1)中的"真是"表达的是一种正面意义的感叹,是杨大妈看到郭祥的受欢迎程度时的一种夸赞;例(2)中的"真是"表达的则是一种否定意义的感叹,是对自己把大饼做成焦黑的一种感叹,是对自己失误的一种自嘲;例(3)中的"真是"同样表示感叹,但不带有明显的肯定或否定的语气,只是对自己状态的一种情绪抒发;例(4)中的"真是"传达了言语主体责怪的语气;例(5)中的"真是"同样表达责怪,但语气要轻一些,表达的是一种嗔怪;例(6)中的"真是"则表达了言语主体对自己的责怪之情;例(7)中的"真是"表达了言语主体对对方的不满之情;例(8)中的"真是"则传达出言语主体对发生在自己身上的事情的抱怨;例(9)中的"真是"表现出言语主体的生气、恼怒之情;例(10)中的"真是"则传达出言语主体对对方提议的不屑的感情;例(11)中的"真是"表达出言语主体对所发生事情的抱歉之情,对后面的意图性言语子行为起着支持、强化的作用。

"真是的"与"真是"的意义和功能相似,即主要表达否定和负面的态度或情绪。比如例(12):

(12)(颖宇慌张进门,随手赶紧关上,怔怔地四下望着。)
收拾屋子的白方氏感到奇怪:"怎么了?吓成这样儿?"
颖宇:"天津赌局的又要债来了。"

"真是的，又不是你欠债，你怎么跟做贼的似的。"（电视剧《大宅门》）

此例中的"真是的"表达了言语主体对对方行为和话语的不认同，是一种负面的情感表达，含有不满和批评的意味，强化了自己的意图，即批评对方不应该如此害怕。

但当"真是"和"真是的"前面加上人称代词"你"，变为"你真是""你真是的"或"你也真是""你也真是的"时，同样表示不满，但它们已经不能看作言语行为标记了，因为它们本身就是意图性言语子行为的一部分，是对对方的一种批评或指责。比如例（13）中的"你真是"可以理解为独立的言语行为，用于对对方负面的评价，它不是意图性言语子行为的支持性成分，而是它本身就是意图性言语子行为或意图性言语子行为的一部分，所以它不能看作言语行为标记。

（13）他坐在炕上，捧着许灵均的《现代汉语词典》摸挲着："还是有学问的人能，看这么厚的书，这怕要看一辈子哩！""这是字典，是查字的，""郭骗子"告诉他，"你真是，活糊涂了！"（张贤亮《灵与肉》）

2. 其他情感宣示标记分析

（1）"我（就）说嘛""我说什么来着"

关于"我（就）说嘛"，尹海良（2009a）认为"我说嘛"的话语功能是表达确认；郑娟曼（2018）认为"我说嘛"可以表达合预期信息，既可以关联所言预期（已经用语言表达出的预期内容），又可以关联所含预期（即话语中隐含而没有用语言表达出的预期内容）。关于"我说什么来着"，郭娟（2012）认为说话者使用"我说什么来着"表达了一种自豪、炫耀的态度；吕为光（2011）认为"我说什么来着"具有责怪功能；而朱红、关黑拽（2016）认为"我说什么来着"是一个预期信息标记，说话人用它来提醒听话人注意现实情况与说话人的预期的一致性。

通过对语料的分析，我们认为"我（就）说嘛""我说什么来着"的意义是说明言语主体的预期与实际所发生的事情相符，但它们的主要功能并不是仅仅说明这种预期的相符性，而是传达言语主体在自己的预期得到验证时的得意之情,所以,它们首先应该是用来表达情感的言语行为标记。比如,言语主体判断某人会回来,果然看到了此人回来,此时他说:"我就说嘛,他肯定还会回来的。""我就说嘛"就传达出言语主体的预期得到验证时的得意之情。再比如:

(14)许先生:"还是回瑞记,给他个好价钱!"
涂二爷:"你说呢,少东家?"
景琦:"闹不明白,次的不要,好的也不要,价儿合适的也不要,想干什么?"
涂二爷:"来吧少爷,先给他们点儿甜头儿,回瑞记!"三人走去。
掌柜乙:"我说什么来着?三位爷还得回我这儿来吧!"(电视剧《大宅门》)

此例中,掌柜乙预料到三人肯定会回来,当看到三人果然回来时就有一种得意的心理,而"我说什么来着"就用来传达他的得意之情,虽然它有预期得到证实的意思,但它的首要功能是传达言语主体得意的情绪。
其他的例子如:

(15)接着,她又打趣地问他在海德堡时可有过什么艳遇。菲利普不假思索直言相告:福分太浅,一事无成。但威尔金森小姐就是不相信。
"你嘴巴真紧!"她又说,"在你这种年纪,怎么可能呢?"
菲利普双颊唰地红了,哈哈一笑。"啊,你打听的事未免多了点。"他说。
"哈哈,我说嘛,"威尔金森小姐得意扬扬地笑了起来,"瞧你脸都红啦。"(毛姆《人生的枷锁》)

(16)奶奶不住地对她上上下下地打量,笑吟吟地对文秀说:"我就说嘛,这丫头是红鸾星动了,挡都挡不住!上次的事幸好没成,要不然就错失了这次的良机,是不是?""可不是吗!"文秀应着,看着靖萱的眼光也是喜孜孜的。(琼瑶《烟锁重楼》)

(17)黄春划火柴点亮了油灯,颖宇眯着眼半天才适应了光线,他发现了站在景琦旁的黄春。黄春惊恐地望着颖宇。颖宇也万分惊讶:"你?!……哈哈!我说什么来着,老七,还是你把她藏起来了!""我藏的!你怎么样?"景琦护住躲到他身后的黄春。(电视剧《大宅门》)

"我说嘛"的功能是言语主体在自己的预期得到证实后所表现出的得意或者兴奋之情。比如例(15),威尔金森小姐看到对方脸红时觉得自己的猜测是对的,而"我说嘛"就表达出她此时的得意之情。例(16)中,奶奶因为自己的预期与说话时所观察到的事物吻合,所以用"我就说嘛"来表明自己的得意之情,并进一步强调之后所表述的内容。例(17)中的"我说什么来着"表达了颖宇预期得到验证时的得意之情。

这两个标记表达的都是言语主体对自己的预期或判断被证实与事实符合时的得意、兴奋之情。但它们所表达的情感会根据具体的语境产生其他的意义,比如责备、抱怨等,比如在例(18)中,"我就说嘛"就不是表达言语主体的得意之情,而是带有责备、抱怨的意味。

(18)(奶奶听到靖萱可能中暑了)
"中了暑?"奶奶定睛一看:"可不是!脸色白得厉害!我就说嘛,大热天的,去学什么画!梦寒,你快搀她回房歇一歇,反正亲事已定,这些话有的是时间说!等一等,我这儿有十滴水,拿几瓶去给她喝!"(琼瑶《烟锁重楼》)

但有时候这两个表达式可以单独使用,表示言语主体的预期与实际符合时的得意、兴奋之情,但因为它们本身就直接表达言语主体的意图,是意图性言语子行为,而不是作为意图性言语子行为的支持性手段,所以在这种情况下,它们不能被认为是言语行为标记,如例(19)中的"我就说嘛"的用法。

(19)稍过些时候,林雨翔才敢和梁梓君切磋。林雨翔说:"我把信寄了。"
"结果呢?"
"有回信!"

"我就说嘛。"(韩寒《三重门》)

(2)"敢情"

"敢情"一般出现在北方方言中,有两种意义及用法:(1)表示发现原来没有发现的情况,有恍然大悟的意味,相当于"原来"。如:"哟!敢情夜里下了大雪啦。"(2)表示情理明显,不必怀疑,相当于"当然""自然"。如:"办个托儿所吗?那敢情好!"(《现代汉语词典》第7版、《现代汉语虚词例释》)周利芳(2008)认为"敢情"一般出现在主语前,表示疑问性的推测。我们通过对语料的分析认为,"敢情"在实际的使用中,不仅表示"恍然大悟"或"当然"的意思,它还表达说话人言说时的情感,具有强化这种情感的作用,具体强化的是什么样的情感(不满、夸赞、高兴、吃惊)要根据具体的语境而定。举例如下:

(20)"走开!"屋子里突然传出一声低沉的咆哮。"我不想见到你,也不想跟你说什么!""晋雄,你怎么了?"郭曾宏的声音依旧非常委婉。"我是曾宏啊,要不是为了你好,为了你孩子老婆好,为了咱们师兄弟的情意,敢情我疯了要只身来见你?"(张平《十面埋伏》)

(21)王喜没有想到,他刚做出要走的样子,张全义就大喝一声"站住",冲过来揪住了他的衣袖:"我可找着你了!我们家出的一档子一档子事儿,敢情全是你干的!……我们金家跟你有什么冤?有什么仇?你这是干什么?我张全义更没有对不住你的地方,你干吗缠着我没完……"(陈建功《皇城根》)

例(20)中,"敢情"用来强化言语主体诉说时的不满情绪,表明他只身来见对方对自己来讲是不容易的,而对方对此不理解,这里"敢情"就是用来强化言语主体的不满之情。例(21)中的"敢情"有"原来如此""恍然大悟"的意思,也表达出言语主体的不满情绪。

但在有些语境里,"敢情"并不表达不满的情绪,而只是表示发现了原来没有发现的情况,有吃惊的意味。比如例(22)中的"敢情"不表达不满的情绪,而只是表达言语主体在谈论事物时的意外之情,说明这个事情在以前是自己想不到的,而现在发现情况跟自己想的不一样,有"原来是这么回事"的意思。

（22）我真没想到，我原来看有一个报道的时候，发现我都看错了，说什么版面费一千块钱，一千五百块钱，我还当是稿费，后来我才看明白，<u>敢情</u>上杂志上发表您的论文，是您要给杂志钱。（凤凰卫视《锵锵三人行》2009年10月16日）

"敢情"还可以表示夸张、强调，比如在对别人的话语进行回应时说"那敢情好"，其中的"敢情"就表达出一种夸张和强调的语气，不过言语主体所要表达的真实意图还要根据具体的语境来判断，比如，听到单位要涨工资了，说"那敢情好"就是强调这真的是一件好事，但如果听到别人涨工资，而自己的工资没涨，说"那敢情好"可能就是一种反话，表达抱怨之情了。但可以确定的是："敢情"在其中起到夸张或者强调的作用。

当然，"敢情"也可以单独使用，而不是作为意图性言语子行为的支持性手段，此时，它就是独立的言语行为，有自己的意义和功能。比如例（23）中的"敢情"是对前面别人话语的回应，表示同意，认为对方说对了，有"是这样的"的意思。

（23）万筱菊："那还听不见！数你叫得近！数七老爷叫得响堂。金少山说得好，只要一听叫好，前后台的就知道七老爷来了。"玉婷惊讶地："是吗?!"

万筱菊："<u>敢情</u>！他叫的好，都在根节儿上，那叫内行！"（电视剧《大宅门》）

（3）"（你）别看"

关于"（你）别看"，刘焱（2009）认为"别看"是反预期信息标记，她举的例子有"<u>别看</u>她对我爱理不理的，我还是挂念她"和"这汽艇<u>别看</u>它小，却开得挺快"。这里所讨论的"别看"不能从话语中去掉，去掉之后话语就显得不完整，所以它不是话语标记或语用标记，按照我们对言语行为标记的定义，它是构成意图性话语的一部分，所以也不能被看作言语行为标记。张金圈（2016）认为"别看"作为话语标记的功能是引出说话人认为与受话人预期不一致的信息并提请受话人注意。我们通过对语料的分析认为"别看"的首要功能不是提请听话人注意，而是帮助表达言语主体的态度，表达言语主体对所描述事物出乎自己意料时的一种情绪，如"(你)别看，像他那样的也能考上大学！"

其他的例子如下：

(24) 别看，这小山村，民俗旅游让村里的百姓开了眼界，过上了红火的日子。(北京电视台《北京您早》2012年4月7日)

(25) 这位"老江湖"上班不大动笔，没事就翻着这两叠名片煲电话粥。你别看，这一招，很多人喜欢。(CCL网络语料)

如例(24)中，"别看"表现了言语主体预期中的山村形象与现实中所看到的情景不同时所表现出来的赞叹之情。例(25)中，"你别看"具有转折的意思，"老江湖"好像不务正业，但是很多人喜欢他的做法，"你别看"就表现了这种反差和言语主体对这种反差的感慨。

(4) "好家伙"

现有的研究中把"好家伙"看作话语标记或言语行为标记的不多。张斯文(2017)认为"好家伙"语义随中心成分的泛化而发展成为叹词，并且有向话语标记转变的趋势。通过对所收集语料的分析，我们也发现"好家伙"在口语中有时已经不表示它原本的意义，即"好人"，而只使用它在话语中的程序意义，即表示惊讶或感叹的情感。此时，我们可以把它看作情感宣示标记，它的功能是表达说话人对所描述事物的惊讶或感叹之情，或者通过自己的情感表达引起别人的注意，强化别人对所描述事物的关注程度，例如：

(26) 二十六年，日本来了，这日本来了怎么样，好家伙，这简直，就这京汉线儿的人哪，有钱的没钱的全都整个的往南跑，临完后首那儿后首那边买卖不能做了……(《1982年北京话调查资料》)

(27) 鲁豫：你们俩现在都是大老板吧？

郭德纲：到2003年的时候，日子就好过点了，但还是有问题出现。比如我们包了某个剧场，演了半年，一直都是赔钱，刚有点起色，观众也开始增多了，剧场一瞧，好家伙，能卖一百多人了，那不

能按原来三七分账了，要五五分，答应呗，还能怎么办？（凤凰卫视《鲁豫有约》）

例（26）中"好家伙"描绘了言语主体对京汉线上往南逃难的人数之多的惊叹，而例（27）中的"好家伙"同样带有惊叹的语气，二者都传达出言语主体对所描述事物超出正常预料范围的感受。它们在话语中可以省去，不影响后面话语的命题意义和言语行为意图的表达，但省去之后由于言语主体对所描述事物的情感、态度得不到有效的传达，言语主体意图的表达效果可能会受到影响。

还有一些表达式在已有的研究中没有被作为话语标记或语用标记来讨论，但我们认为它们符合我们对"人际支持性"言语行为标记的定义和判定标准，即它们在话语中不直接表达言语主体的意图，而是在人际意义方面对言语主体意图的实现起到支持性作用。更进一步讲，它们所表达的人际意义是通过表达言语主体的情感来实现的，所以它们也可以被称作情感宣示标记，因此，我们把它们列入对情感宣示标记的讨论范围。这些标记包括：好嘛（么）、你说说、你瞅瞅、你看看、你瞧瞧、乖乖、合着。

（5）"好嘛（么）"

"好"本来是指优点多，或赞许、同意等积极的意义，后面加上虚词"嘛"或"么"之后可以表达说话人言说时的某种情感和态度，在某些语境里已经失去"好"的意思，而只表示说话人在实际发生的情况与自己的预期不符时发出感慨，功能是强化说话人对所发生事物的态度和言说时的感慨之情。它们的后面一般跟言语主体对事物的评价或看法，即言语主体的交际意图，而它们不直接表达言语主体的意图，只对交际意图起强化和支持作用，所以我们可以把"好嘛（么）"看作用来表达情感的言语行为标记，即情感宣示标记。

在下面的例子中，"好嘛"和"好么"即做情感宣示标记，用于表达言语主体的感慨之情，对其意图起到强化作用。

（28）我有几个朋友也学着大佬的样子，盖了几所房子，<u>好嘛</u>，全砸在手里了。好些太太们手里都攥着好几间大房子、大别墅，听上去那叫阔，可天天犯愁哇，为嘛？卖不出去，天天为贷款犯愁！<u>好</u>

嘛，闹得银行都陪着他们发愁抹泪儿。(《作家文摘》1997B)

(29)（金受申在老舍家因为乱放香烟头差点儿引发火灾。）

是金受申方才把香烟头顺手塞在沙发坐垫的缝儿里。第二天，老舍先生在市文联见着金受申，拉着手说："好嘛，您昨天上我们家放火去啦！"金受申张着嘴，莫名其妙，不知道"舒先生"开的是什么玩笑。(《作家文摘》1994B)

(30) 从我们家楼底下经过的时候就是可以看到有鸽子。然后呢，还有火鸡。窗沿上还挂着一排鸟笼子。好么，都快赶上农村大院了。(北京电视台《7日7频道》2008年1月29日)

(31) 尹志全说："你还别说，保不齐。那回唱《御碑亭》，让咱反串了一回柳生春。你猜怎么着？咱们的金角一张口——'奴这里表衷情来把盏敬，你本是青客谪仙之人。'好么，我这柳生春还真差点儿绷不住劲儿……"（陈建功《皇城根》）

例（28）中的两个"好嘛"表达的是一种感慨，但其传达出的意义是负面的，是言语主体对所谈论对象的一种负面的评价和感慨。例（29）中，因为对方乱放香烟头，害得言语主体自己家差点儿着火，"好嘛"就传递出言语主体对这件事情的感叹，"好嘛"之后跟的是对所发生事情结果的描述和言语主体对此的评论，"好嘛"的功能就是传递出言语主体言说时的态度及情感，发挥人际支持功能。例（30）和（31）中的"好么"有相同的用法，它作为情感宣示标记在言语行为中传递人际意义。

"好嘛"和"好么"在言语行为中可以省略，不会影响要表达内容的意义和言语主体的意图，但会影响表达效果，可能使听话人感受不到言语主体言说时所要传递的情感，从而影响对言语主体意图的解读。如果去掉之后影响到话语命题意义的表达和言语主体意图的传递，就不能把它们看作言语行为标记，如"你和我们一起走好么？"中的"好么"相当于"好吗"，用于表示请求或征求对方的意见，在句中不能省略。有时"好嘛"或"好么"在话语中符合言语行为标记的句法特点要求，即出现在言语行为开头，独立于意图性言语子行为，但它们使用了"好"的赞赏或同意的意义，而不是表达言语主体的感慨之情，这种情况下它们也不能看作言语行为标记。比如下面的例子：

（32）"头儿！白三爷来了！"老球扭头大叫。应声从北屋门角走出几个彪形大汉，为首的头儿道："好嘛！挺守信用，白三爷送银子来了，拿来吧！"（电视剧《大宅门》）

例（32）中的"好嘛"有"好"的意义在里面，是对"白三爷来了"这一行为的赞赏，表达出言语主体的意图，所以，这里的"好嘛"不是言语行为标记。

(6) "你说说""你瞅瞅""你看看""你瞧瞧"

这几个表达式由第二人称代词"你"加"说""看""瞅""瞧"等动词的叠加形式构成，在一些语境中它们可以表示指令或建议，具有实际的语义，但在某些语境中它们用于指令或建议的意义虚化。李宗江、王慧兰（2011）认为"你说说、你看看、你瞧瞧"都有提请听话人注意，以诱导对方理解支持自己看法或态度的意思。我们通过对语料的分析认为，当这几个表达式用于言语主体的单向表达行为时，它们的主要作用是表达言语主体的情绪，传递人际意义，它们不直接表达言语主体的意图，而是通过表达情感来对意图的实现起到支持性作用，此时，它们可以看作具有人际意义的言语行为标记。在很多语境中，它们所表达的情感是消极的，如下面几例：

（33）林老哥，你真是糊涂呀，官儿让人家做了，好房子让人家住了，汽车让人家坐了，如今直到退休，你一点好处也没得到，天天还这样傻乐呵，觉得自己活得怪不错的。你说说，你这是多么糊涂呀。（《作家文摘》1997A）

（34）佣人说没有人出去买水。那，水是从哪里来的呢？姨太太烧的。你瞅瞅，就是出了这么一点力气，这姨太太的名分落着了，你说说不服人家行吗？（《作家文摘》1995A）

（35）初阳：这就是电视台现在很多电视制作公司同质化竞争太严重了这个问题，所以说这次的十七届五中全会公报中，特别用了一段文字，219个字来提到文化的建设，重点就说到了文化创新，大家可以好好看一看。

立新：你看看，人家学文件学得多细啊，这咱得向初阳学习，你看人家提炼了，你说是不是？（北京人民广播电台《话里话外》2010

年10月24日）

（36）致庸突然自嘲道："你瞧瞧，我刚刚还在全包头的相与面前说嘴，自己的店里就出了事！"（电视剧《乔家大院》）

例（33）中的"你说说"表达出言语主体对对方的惋惜与批评，例（34）中的"你瞅瞅"和"你说说"表达出不满与抱怨之情，例（35）中的"你看看"表达出言语主体的感叹、夸赞，而例（36）中的"你瞧瞧"则传达出言语主体自责和自嘲的情绪。

(7) "乖乖"

"乖乖"可以用作叹词，表示惊讶或赞叹。（《现代汉语词典》第7版）当作为叹词的"乖乖"以独立的句法成分用在言语主体要表达的内容之前时，它的作用就是加强言语主体惊讶或赞叹的语气，以某种夸张的方式增强言语行为意图的表达效果。它用在言语主体想要真正表达的内容之前，本身只传递表达意图时的情绪，只起到人际支持性作用，此时，可以看作情感宣示标记。举例如下：

（37）冯六又卷了一大卷递给郑老屁。郑老屁蹲地下一口咬下了四分之一。老妈子们大笑，冯六看直了眼："乖乖！两斤饼一斤肉，你多少年没吃饭了？饿疯了吧！"（电视剧《大宅门》）

（38）范英明嚼着饭菜道："明天开始！每隔两小时，派飞机沿河侦察一次，发现他们架桥，不惜一切把它炸了。他们最多能支持三天，就该做回老家的准备了。以现在的态势。"唐龙吐吐舌头，"乖乖，你是准备通吃呀！"（柳建伟《突出重围》）

（39）"这件事会变成一篇绝棒的报道，"克兰格先生说道，"乖乖，没有人会知道谁这么伟大，他竟能干这样的事情。只有天知、地知、你知、我知呀。"（普莱斯·戴伊《四点钟》）

（40）楼房倾斜主要是因为"校园春天"小区自己没有把排水工作做到位，导致地基软化，而一旁正在建设的工地只负次要责任。乖乖，当排水不好遇上大雨，两个楼就能"吻"上，这段感情有点太不靠谱了！（中央电视台《第一时间》2009年8月19日）

在例（37）中，言语主体没想到对方一次吃了两斤饼一斤肉，觉得不可思议，"乖乖"表达了言语主体的惊讶之情，增强意图性言语子行为的表达效果。例（38）中的"乖乖"既有吃惊的意味，表示对所谈论的事情事先没有想到，同时又有赞叹、感慨的语气，表现出对对方计划的敬佩之情。例（39）中，"乖乖"表达了言语主体的感慨和对所谈论事物的兴奋之情，通过感慨来强化语气，更好地把自己想表达的内容传递给听话人。例（40）中的"乖乖"强化了言语主体对所谈论事物的感叹之情。

（8）"合着"

李宗江、王慧兰（2011）认为，"合着"使用的场合是：上文是别人的话，下文是说话人对别人话语内容的理解，而他所理解的话语意义是自己所不愿接受的。通过对语料的分析，我们发现"合着"有对对方话语或行为动机解读的意味，而且这种解读一般具有否定的意义，不符合言语主体的期望，所以它后面常跟表示消极或负面意义的话语，传递出言语主体的不满、抱怨等负面的情绪。举例如下：

（41）干姿冷笑道："照你这么说，合着我们先要为艺术献身了?!"简松忙辩解道："你要怎么做，我可没发表意见呵。"（张欣《岁月无敌》）

（42）"那……譬如说调解不成，我们真开了庭。到了法庭上让你表态你怎么办？""那我也一样，只能含含糊糊，让你们觉得我是被吓傻了——你们问个没完，我就光哭！""你小子还挺鬼，合着这得罪人的事全推给我们了。"（王朔《我是你爸爸》）

（43）张乐仁：大家想想他心里要是没病，干什么这么心虚呢！咱们一年到头拼命地干活儿，就是为了搞好咱们国家的生产，可是他呢，光图赚钱，把咱们的劳动都给糟蹋了！周廷焕：咱们出那么多汗，合着都给他干了！（老舍《春华秋实》）

（44）事隔多少年，一有摩擦就提醒人家欠的情，不管与过去有关没关让人家抬不起头，人家也不高兴。噢，合着你当时的宽大就是为了留个小辫子老揪着，不如杀了痛快。（王朔《我是"狼"》）

例（41）中干姿的言语行为是抱怨，表达对对方说法的不满，"合着"就强化了这种不满的情绪。它可以从话语中去掉，不会影响话语的意义，但听话人所感知到的言语主体的不满情绪的程度会减弱，影响言语行为的语力。例（42）中的"合着"有判断的意思，是对对方可能行为的判断，但同时传达出对对方说法的不满。例（43）和（44）有相似的用法和功能，即帮助言语主体表达否定、不满的负面情绪，更好地表达言语主体的意图。"合着"后面的部分才是表示意图的言语行为，而"合着"只是起到支持作用，强化意图性言语子行为的消极或否定的效果。

当然"合着"在某些场合更多的是对结果的评估和认识，表示"原来如此"，并没有不满的意思，比如例（45）和例（46）中"合着"的用法。

（45）杨栋：主要是没有经验。因为我刚毕业的时候做过家装设计，所有的北京的家装市场我都跑过，当时我感觉，反正我也装修了，我自个儿跑吧，其实还是缺少经验，虽然材料买得便宜，但是对工人的管理我并不懂，所以工人可以偷工减料，反而感觉不当。刘思伽：里外里，<u>合着</u>也没便宜多少。（北京人民广播电台《行家》2009年5月5日）

（46）结果第二天早晨我起来的时候，人家已经收拾好了两大袋玩具给我放在那，而且还不跟我说，是让我妈过来跟我说，说这个是嫣给你准备让你今天带走的，<u>合着</u>她这个小孩很有，很有心嘛，这个小孩。（许戈辉《名人面对面》）

此时，它可以从话语中去掉，并不影响话语的命题意义，对它的使用只是强化了之后的话语是言语主体对某种结果的判断和看法，在这种情况下，它是起评论功能的言语行为标记。

第二节　观点宣示标记

弗雷泽（1996）在讨论语用标记时认为有一些词或短语在话语中除了有表示信息的表征义之外，也有对话语基本信息进行评论的程序义，这一类词或短语被称作评论性语用标记，他把评论性语用标记分为：评价标记（标记着言语主体对命题意义的评价，如 amazingly, fortunately, sadly 等）；言说方式标记（标记基本信息被传递的方式，如 frankly, bluntly, briefly 等）；证据标记（标记言语主体对基本信息真实性的信心，如 certainly，clearly，definitely 等）；传闻标记（对言语主体信息来源的评论，如 reportedly，it is claimed，allegedly 等）；缓和标记（标记言语主体想减少面子伤害的愿望，如 If I may interrupt，If you don't mind 等）；强调标记[强调基本信息，如 I emphasize（strongly）that，I insist that，indeed 等]。

我们认为弗雷泽所说的证据标记其实是言语主体对证据的判断，应该称作判断标记，传闻标记主要是表明信息的来源，表达概念意义，并不构成评论，所以不能称其为评论标记，缓和标记更多的是强调言语主体与听话人的互动，是用来减少对对方面子伤害的标记，实现互动功能，严格来讲也不能称为评论标记。所以，弗雷泽评论标记框架里真正能称为评论标记的有评价标记、言说方式标记、证据标记（其实是判断标记）和强调标记。

弗雷泽的评论性语用标记与我们所谈论的观点宣示标记在涵盖范围和标记功能上大体上是一致的，所以我们根据上文中得到的初步的功能分类，参考弗雷泽的分类和对具体语料的分析，把观点宣示标记分为判断标记、推论标记、评价标记、强调标记、言说方式标记和认识立场标记（见图 6）。

判断标记包括：无疑（毫无疑问、毋庸置疑）、不用说（问）、不消说、不言而喻、显然、很明显、显而易见、明摆着、摆明了；

推论标记包括：看来、看似、看起来、看上去、看样子、看得出来、看这意思、瞅这意思、可见、由此可见、可知、由此可知、这么说、这么说来、这样说来、这样一来、这么一来；

评价标记包括：不巧（不巧的是、很不巧）、糟糕的是（更糟糕的是、最糟糕的是）、具有讽刺意味的是、可气的是（更可气的是）、可惜（可惜的是）、令人高兴的是、令人兴奋的是、所幸（的是）、要命的是（更要命的是、最要命的是）、让人伤心的是、让人生气的是、很遗憾、遗憾的是（令人遗憾的是）、有趣的是、值得一提的是（特别值得一提的是、尤其值得一提的是、更值得一提的是）、值得注意的是、（更）重要的是、主要是、关键（关键是、关键在于）；

强调标记包括：（你）（也）（还）（真）别说、其实、实际上、事实上、不可否认、的确（确实）、不能不说；

言说方式标记包括：坦率地讲（说）、坦白讲（说）、坦白地讲（说）、坦诚地讲（说）、干脆讲（说）（吧）、照直讲（说）（吧）、老实讲、老实说、老实说吧、实话实说、实在说、实话说、实事求是地说、公正地讲（说）、公平地讲（说）、客观地讲（说）、客观公正地讲（说）、客观来讲（说）、（毫）不客气地说、不夸张地说、说穿（白）了、说到底、说到家、说到头儿；

认识立场标记包括：我看、我想、我认为、我以为、我觉得（说）、我寻思、我琢磨、要我说、让我说、照我说、叫我说、依我说、依我看、在我看来、（我们）可以说、可以这么（样）说、应当（该）说。

观点宣示标记是一个总体的名称，在其分类框架中存在三种性质不尽相同的标记，其中，判断标记、推论标记、评价标记、强调标记用来对言语主体话语的基本信息进行观点宣示或评论，言说方式标记用来对言语主体本身的说话方式或表达态度进行评论，而认识立场标记用来引出言语主体的立场或观点。

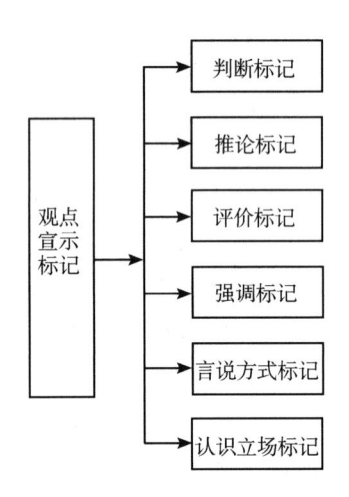

图 6 观点宣示标记的分类

一 判断标记

判断是"思维的基本形式之一，是肯定或否定某种事物的存在，或指明它是否具有某种属性的思维过程"（《现代汉语词典》第 7 版）。判断具有主观性。判断标记是表明言语主体对所谈论命题信息主观上的判断的语言表达式，它们不构成命题内容，而是对命题内容的判断，当表达出来时就成为对命题内容的评论，说明后面的命题内容是言语主体的认识，带有言语主体的主观性，此时若把它们从话语中去掉，基本命题不会改变，或者言语主体的意图不会改变，但会影响言语主体话语的主观性的表达，影响言语主体意图的实现效果。

1. 典型案例分析

"无疑"（"毫无疑问""毋庸置疑"）

这三个词都表示"没有疑问""不用怀疑""确定"的意思，是言语主体对事物的一种判断。关于"毫无疑问""毋庸置疑"，周明强（2015）把它们同"我敢说""我敢肯定""不客气地说""毫不客气地说""斗胆地说一句""实事求是地说""不用说"都归为断言类话语标记语，具有评论功能，可以加强评论的语气。我们基本同意这种观点，但我们认为其中的"斗胆地说一句"主要实现人际互动功能，是言语主体为了使自己的话语更加容易被对方所接受而表现出的一种礼貌策略。"毫无疑问""毋庸置疑"具有评论功能，但更具体地说，它们之后的话语内容是言语主体对事物确定、肯定的判断，因此，我们可以把它们称为判断标记。

它们在话语中一般以独立成分的形式出现，不构成命题信息的一部分，表明之后的命题信息是说话人对事物评论性的陈述，它们对命题信息只起到评论、强调的作用。从言语行为的角度讲，它们是意图性言语子行为的支持性手段，起到强化言语行为意图的作用，是表达判断的言语行为标记。

这些标记本身具有很强的概念义，即"没有疑问""不用怀疑"，不像一些言语行为标记在话语中只使用程序义而不使用概念义，这些标记的概念义在话语中仍然起作用，所以它们在言语行为中所发挥的功能是比较单一的，不会随着语境的改变而改变。从我们所搜集到的120条它们做言语行为标记的例子来看，它们的意义和功能都是相同的，即表示确定的意义，表明它们之后的内容是言语主体对事物的确定性的判断。举例如下：

（47）在当时，出道短短两年时间的张学友能在香港红馆举办个唱，<u>无疑</u>令他信心大增。（凤凰卫视《鲁豫有约》）

（48）2010年，楼市调控，股市低迷，而艺术品市场却大放异彩，<u>无疑</u>是虎年最给力的投资领域。（凤凰卫视《锵锵三人行》2011年2月9日）

(49) 这件事毫无疑问具有矛盾的地方。我们战斗不是为了赛义夫，而是为了解放利比亚。(凤凰卫视《锵锵三人行》2011年8月24日)

(50) 首先我们可以看到，像这样的一个捐款本来数字是比较清楚的，而且相对来说关系也是非常明白的，那就是章子怡和红基会之间。那么如果说捐款没有充分的到位，毫无疑问，红基会应该在第一时间会有准确的、全面的数字。(中央电视台《新闻1+1》2010年2月9日)

(51) 毋庸置疑，这几年，中国家乳品产业在安全性上确实出了一些事情。(中央人民广播电台《新闻纵横》2011年2月18日)

(52) 有专家对北京的PM2.5来源分析发现，其中10%—15%的污染来源于餐饮排放，高的时候甚至能够占到17%。虽然很难明确烧烤排放所占的比重，但毋庸置疑，烧烤出的雾霾或多或少也在影响每一个人的生活。(中央电视台《新闻周刊》2013年8月17日)

但如果"毋庸置疑"构成意图性言语子行为话语命题内容的一部分，不管在句法上做定语（例53），还是做谓语（例54），都不是言语行为标记。

(53) 那是压倒群芳的华贵，头发丝上都缀着金银片，天生的皇后，毋庸置疑，不可一世的美。(王安忆《长恨歌》)

(54) 事实上丁教授的英语能力毋庸置疑，英语早就是他的第一语言。(中央电视台《新闻1+1》2010年1月27日)

2. 其他判断标记分析
(1) "不用说（问）"

关于"不用说"，肖任飞、张芳（2014）认为它做话语标记时可以起语篇成分之间的衔接作用，也可以用来提醒听话人注意后面所说内容，或传达某种信息，让说话人知道后面的内容是显而易见的。所以，按照他们的观点，"不用说"既具有语篇衔接功能，又具有人际功能。我们认为"不用说"在对话中首要的功能是表达言语主体的一种肯定性判断，说明后面所表达的内容是他（她）所确定的、有把握的一种判断，比如"不用说，他准是又去图书馆了"。

"不用说"和"不用问"作为言语行为标记一般出现在句首，后有停顿与主句分开，表示没必要说，某事是一定存在的或肯定会发生的，功能是强调言语主体对事物的肯定性判断。它们可以省去，不影响言语主体意图的表达。如下面例子：

（55）这两天的瓢泼大雨也影响了深圳的菜价，<u>不用说</u>，又是涨价了。（深圳电视台《第一现场》2009年5月25日）

（56）春节越来越近，上来还是先说说车票的事儿。开往春天的地铁，这是个浪漫的说法，可开往春节的火车却让不少人焦头烂额。这几天很多地方的街头都惊现大长队，<u>不用说</u>，都是排队买火车票的。（北京电视台《7日7频道》2008年1月30日）

（57）在餐馆吃饭，每上一道菜，有的人第一件事儿不是拿筷子夹菜，而是拿出手机拍照，然后低头猛按；和朋友聚会，听到一条新闻或者一个笑话，第一时间也是拿出手机赶紧发布出去。<u>不用问</u>，这肯定是典型的微博控。（中央人民广播电台《新闻纵横》2011年11月6日）

（58）一路上，不断有人进进出出地从家里往外搬东西，看那紧张匆忙的神色，<u>不用问</u>，必定是受到夜来那个谣言惊吓，打算出城避难的。（刘斯奋《白门柳》）

以上几例中的"不用说""不用问"都表明后面的话语内容是言语主体根据观察到的现象做出的判断，"不用说""不用问"对言语主体的意图起到强化作用。

但是，"不用说（问）"并不总是表示判断，在有些语境中它使用本身的字面意义，即"不需要说（问）"，可以单独使用，比如例（59）。有时也会和其他词一起使用，构成"这不用问""你不用问"等形式，比如例（60），此时，它就是话语的命题内容，是意图性言语子行为，不可以省略。

（59）朱老忠说："<u>不用问</u>，问，他也不说。"（梁斌《红旗谱》）

（60）陈鲁豫：你当时成绩怎么样？最后进入叫什么，什么初赛，复赛什么的？韩红：<u>你不用问</u>，我自从给老师起了一口闭之后，永远都是一口闭了。（凤凰卫视《鲁豫有约》2011年9月9日）

(2)"不消说"

"不消说"和"不用说（问）"类似，做言语行为标记时也是用在所在句子的开头位置，后有停顿，意思是"不用说"。它一般用于书面语，有时也用于口语中，但即使是书面语也同样可以表达人际意义。一般性的书面语作品可以看作作者与读者的对话，同样可以体现出作者与读者的互动，作者会用"不消说"来表达自己对某事的确定性的判断，从而强调自己想表达的内容，给读者留下更深刻的印象。而在文学作品或剧本中，有些话就是以作品中人物的口吻来写的，这跟口语中的用法相似，可以看作准口语，此时用"不消说"就是表达言语主体的主观性，说明之后的内容是言语主体主观性的判断。比如例（61）和例（62）中的"不消说"都用来表示肯定性的判断，通过这种判断的肯定性来强调言语主体想说的内容，它们在文中可以省去，不会影响命题的意义，但会减弱言语行为的语力。

（61）她脖子上系一个猩红色法兰绒小蝴蝶结，两侧挂上一副石榴红小耳环，身上穿一套非常整洁、紧贴身子的黑衣裙，裙子下摆缀有荷叶边饰。看来这一切都足以说明：她并不反对显露一下自己的身姿，而且对它还居然非常珍爱。她的这种心态，要不是因为她善于装出一副假正经的羞答答的样子，<u>不消说</u>，一定会在这样一个地方引起人们议论。（西奥多·德莱塞《美国悲剧》）

（62）赖恩·费奈蒙继续说话，但爸爸脑子里只想着卢安娜·辛格说过的话以及站在哈维家门口的感觉。他觉得那屋内散发出一股寒气，<u>不消说</u>，这股寒气一定是发自乔治·哈维。（艾丽斯·西伯德《可爱的骨头》）

但是，"不消说"在有些语境中并不表示判断，比如在例（63）中，"不消说"是对所发生事情的一种描述，它的主要功能是对所发生事情的结果或后果进行强调，可以看作表强调的言语行为标记，但它不表示判断，所以不是判断标记。例（64）中与"您"连用，取"不消说"的字面意义，即"您不用说，我知道"，此时，它就是命题的一部分，也是言语行为的一部分，所以不能看作言语行为标记。

（63）这木匠看看我捉来的虫还不坏，必向我提议：我们来比比。你赢了我借你这泥罐一天；你输了，你把这蟋蟀给我。办法公平不公平？我正需要那么一个办法，连说公平公平，于是这木匠进去了一会儿，拿出一只蟋蟀来同我的斗，不消说，三五回合我的自然又败了。（沈从文《从文自传》）

（64）她严肃地说："我是为了这件事才来的。您不消说，我晓得。不，您就说吧！"（列夫·托尔斯泰《战争与和平》）

(3)"不言而喻"

与"不消说"类似，"不言而喻"后面如果是言语主体的判断时，它就可以看作判断标记，意义是表示对事物的确定、肯定，功能上是对言语行为意图的强调、强化，加强言语行为的效果，如例（65）—（67）。但在有些语境中，它没有这一功能，比如在例（68）中，"不言而喻"在句法上是做谓语，意义是某物或某事的存在是大家都知道的，是不用再多说的，在话语层面，它是话语命题信息的一部分，在言语行为层面，它是意图性言语子行为，而不是言语行为标记。

（65）日本防卫省公布的资料显示，自 2001 年 12 月以来，日本海上自卫队共派出 59 艘次舰艇，其中 80% 以上是提供给美军舰艇。不言而喻，美国绝不希望作为盟国的日本从印度洋上撤回自卫队舰队。（中央电视台《今日关注》2008 年 1 月 24 日）

（66）如果我们的产品出来了适合他们消费，8 亿农民，不言而喻，我们的市场是巨大的。（天津人民广播电台《新闻 909》2009 年 2 月 20 日）

（67）看台下面的那片空地，也很快挤满了殷实的城乡平民，他们比绅士略低一等，由于自卑、贫穷或身份不明，不敢僭取更高的席位。不言而喻，在这些人中间，是最容易发生互不服气、相持不下的争吵的。（司各特《艾凡赫》）

（68）最近又有美国媒体爆料，说奥巴马有可能要跟达赖见面，如果奥巴马真跟达赖见面了，后果的严重性<u>不言而喻</u>，可现在，谁都不敢下这个定论，奥巴马肯定不敢见达赖，谁敢说这话，恐怕没一个人敢拍这个胸脯。（天津人民广播电台《话说天下事》2009年7月23日）

(4) "显然""很明显""显而易见""明摆着""摆明了"

这一组词一般用于句首，独立于主句，意思是"明显"。目前，还没有研究把它们看作话语标记、语用标记或言语行为标记。我们以"显然"为例讨论一下它们做言语行为标记的用法。"显然"一般做形容词，意思是"容易看出或感觉到；非常明显"（《现代汉语词典》第7版）。在话语中，"显然"通常用于对命题信息进行评论，说明命题信息是言语主体对事物的观察、判断，而且这种判断是言语主体非常确信的，在言语主体看来是显而易见的。从言语行为的角度来看，命题信息就是言语主体所进行的意图性言语子行为，即把言语主体所认为的事实或观点表达出来，传达给听话人，而"显然"是意图性言语子行为的支持性手段，说明并强调言语主体所要表达的事实或观点是他（她）所做出的判断，所以"显然"可以被认为是言语行为标记。下面几例中的"显然""显而易见""明摆着"都表明言语行为中话语的命题意义是言语主体的判断，是言语主体对所谈论事物的看法。

（69）虽然已经多时没有打交道，但这位前复社的头儿看上去并没有多大的改变，依旧是又黑又瘦的一张脸，依旧是刺猬似的一腮拉碴胡子。而且，与在徽州山村中逮到他时相比，像是还胖了些。<u>显然</u>，一个多月的囚禁生活，随时随地都有可能降临的死亡威胁，并没有妨碍他的吃喝睡眠。（刘斯奋《白门柳》）

（70）与此同时，美国政府更迭，2008年奥巴马大选获胜，更迭了。更迭之后，美国政府对伊朗的态度出现了变化，奥巴马上台以后，伸出了橄榄枝，<u>很明显</u>和布什时期非常强硬的政策相比，出现了明显变化，所以以色列非常着急。（中央电视台《今日关注》2010年4月9日）

（71）在这种情况之下，中日两国加强合作，在全球主权债务危机，或者就叫债务危机，愈演愈烈的背景之下，合作对稳定中国和日本两国的金融体系和经济稳定的发展，<u>显而易见</u>具有非常重要的这种基石的作用。(中央电视台《今日关注》2011年12月25日)

（72）俄罗斯总统是普京，普京什么身份大家都知道，上来之后就给他搞一个间谍案。汉森也不是跟踪一年、两年了，卡在那个时候再搞这个事情，<u>明摆着</u>就是破坏美俄关系。(中央电视台《今日关注》2010年6月30日)

二 推论标记

推论是用语言的形式进行推理的过程，体现言语主体在一定事实的基础上对事物进行判断。推论标记就是这样一些表达式，它们表明话语的命题信息是言语主体在已知事实或对已知事实判断的基础上所做出的判断，它们本身对话语的命题信息没有影响，只是表明命题信息所具有的主观性，即这些命题信息来自言语主体的推理，是言语主体根据已知事实或在此基础上的判断而得出的主观性的认识，所以在言语行为层面上它们不构成意图性言语子行为，而只是对意图性言语子行为的支持性手段。推论标记与判断标记的区别在于：言语主体在使用推论标记呈现自己的主观判断时有明显的依据或证据，说明其是在一定的依据或证据的基础上进行判断的，而判断标记使用的语境中一般不会出现明显的依据或证据。

1. 典型案例分析

"看来"类表达式

"看来"类表达式包括："看来""看似""看起来""看上去""看样子""看得出来""看这意思""瞅这意思"等。

关于此类表达式的意义、功能与用法，一些相关的研究已经做了探讨。张谊生（2006）认为"看起来"与"看上去"是评注性准副词，它们在表达功能上由开始的表方向、时体发展为表观感和感知、近似和比况、对比和逆转；刘琉（2011）从视觉性差异的角度考察了"看来""看似"与"看样子"的用法，认为"看来"主要表达认知主体的推断，"看似"主要表达认知主体的观感，"看样子"主要表达认知主体的推测；李宗江（2016）把它们称为具有认知功能的"推论"类语用标记。

我们基本认同以上看法。这一组表达式都是由视觉动词"看"或

"瞅"构成的,说明最初的意思是在观察的基础上来得出某种结论,但在实际的使用过程中,"看"的动作义有不同程度的虚化,词义演化为在已看到的或被接受的事实的基础上,对事物的状态、性质与发展进行推测、预测而得出某种结论,它们都表明之后的论述是在推测的基础上做出的。它们本身并不表明推测、预测的内容,而只是用来表明命题信息是言语主体推测、预测的结果,并不是绝对客观存在的事实,它表达了言语主体的主观性。如果把这些短语去掉,命题的内容并没有改变,只是失去了成立的来源,即命题是言语主体主观判断的内容,是言语主体对事物状态或发展趋势的看法,所以我们可以把它们看作推论标记。

从我们所搜集的语料可以看出,这一组标记本身所具有的概念义,即根据事实得出结论,在话语中并没有改变,并没有产生偏离这一概念义的程序义,因此,它们在言语行为中的意义和功能就比较单一,就是表示它们后面的话语内容是言语主体根据已知信息进行的推论。

我们以"看得出来"为例讨论这一组推论标记的功能和用法。"看得出来"一般是言语主体从自己对事物的观察出发得出对事物的看法或对其发展趋势的看法,它在话语中一般用在话语的开头或中间的位置,可以是独立成分,也会跟其他成分连用,但都不影响它的意义和功能,表明或强调之后的命题信息是自己在观察的基础之上所做出的判断。如下面的例子:

（73）<u>看得出来</u>孙海英老师,他是一个性情中人,性情中人,那就是对一个现象不满。就像你们搞评论的,我不满意社会的这种文化乱象,我放一炮。(凤凰卫视《锵锵三人行》2010年5月13日)

例（73）中"看得出来"放到句首,之后的命题信息是对孙海英的评论性论述,是话语的主要部分,从言语行为的角度来讲,是意图性言语子行为,而"看得出来"就是一种支持性手段,表明后面的内容是言语主体所做出的推论。如果把它从话语中去掉的话,并不影响话语的意义,它仍然表达言语主体对所谈论的人的看法、评论,但加上"看得出来"就显得这种评论不是无端做出的,而是有根据的,从而这一言语行为就能够更好地被对方所接受。

"看得出来"除了单独使用外,也常常和其他词连用,区别就是言语主体的主观性程度会有一些差别。比如例（74）中使用"可以看得出来"，"看得出来"前面加上"可以"就会显得更加客观，会削弱言语主体的主观性，另外也可以用"也可以看得出来"[例（75）]、"似乎可以看得出来"[例（76）]，"似乎可以看得出来"更减小了言语主体判断的肯定性，也是在某种程度上削弱了言语主体话语的主观性，它达到的效果就是话语内容显得更加客观，更加容易被听话人所接受。

（74）可以看得出来，在中国年轻人眼里，中美关系目前的基本面是积极稳定的。但年轻人们对于未来中美到底是合作还是竞争的关系似乎还心存疑虑。（中央电视台《环球视线》2009年9月10日）

（75）我们从画面上可以看得见，像巴基斯坦爆炸现场之后，这些军警人员，他的强力部门、士兵、警察，我看他脸上还是很紧张的那种感觉，也可以看得出来，他们面对这个，他们也不是说像一般人说的习以为常了。（中央电视台《环球视线》2009年10月15日）

（76）似乎可以看得出来，在第二任期，默克尔连任之后，在中德之间的经济利益，或者经贸的往来，这个纽带会更加强烈，但是会不会在其他问题上，包括所谓的人权或者意识形态的问题上，恐怕我们还需要再观察一段，因为毕竟第二任期，而且默克尔所谓的个人底线、原则立场上又是很坚守。（中央电视台《环球视线》2009年9月28日）

另外，"看得出来"可以和连词"那么"连用，形成"那么看得出来"，比如例（77），"那么"本身就有根据已有话语进行判断或推论的意思，它和"看得出来"连用之后进一步强化了推论的意味，说明后面的命题信息是言语主体在对事物进行观察或分析之后判断的结果。因为"那么"和"看得出来"的功能一样，此时它们可以连用，形成"那么看得出来"，也可以单独用，形成"那么"或"看得出来"，或者两者都不用，直接表达命题的主要信息。它们在话语或言语行为中的作用是强调言语主体的主观性，强调命题信息只是言语主体的个人看法，从而使话语更好地被听话人所接受。

（77）那么看得出来，他期望能够让他这只"孤鸟"飞入雁群当

中，然后让雁群一起来帮他把施政做出成绩来。（中央电视台《海峡两岸》2009年9月26日）

但在有些话语中，"看得出来"的言语主体并不是说话人，而是听话人，比如在例（78）和例（79）中，"看得出来"前面用了"你"，表明言语主体试图拉近与听话人的距离，本来是言语主体从自己的视角对事物进行主观的判断，但他（她）用代词"你"让听话人参与进来，好像后面的命题信息是以听话人的视角来做出的判断或推论，其实还是言语主体在进行主观的表述，但这样说可以让自己的话语更容易被听话人所接受。

（78）所以我觉得就是，为什么在所有的中国功夫片里面，<u>你可以看得出来</u>对外国的一些功夫，譬如说什么日本浪人，什么这些描述都有一些定型化。（凤凰卫视《锵锵三人行》2010年5月25日）

（79）不过其实<u>你可以看得出来</u>，高铁最厉害的部分，除了殷琪的领导力以外，她的精明干练，最重要是它的法务部门太强了，从李登辉开始跟陈水扁所签的约，每一次都是高铁胜利。（中央电视台《海峡两岸》2009年9月26日）

"看来""看似""看起来""看上去""看样子""看这意思""瞅这意思"与"看得出来"的功能和用法相似，如下面例子所示：

（80）宋点点头，说："<u>看来</u>，事情并不是那么简单的。那他到底想跟我说什么？"（六六《蜗居》）

（81）<u>看起来</u>公司做大了，监管是不可避免的，都是表示理解，希望监管能够更到位，可能给许勤市长提出了新的要求，连中央政府到地方政府都需要做一些工作。（《李彦宏马化腾马云精彩对话》）

（82）席梦思垫子的东边，靠墙处，那个写字台<u>看上去</u>是这个屋子的旧有。（《女记者与大毒枭刘招华面对面》）

（83）贵武："怎么了你？跟霜打了似的。我问你话哪！"颖轩还是低头不语，不停地抽烟。贵武："<u>看这意思</u>，你真是号错了脉！"（电视剧《大宅门》）

（84）我的妈呀，<u>瞅这意思</u>，你是想把我们家都饿死啊？（电视

剧《编辑部的故事》）

2. 其他推论标记分析

（1）"可见""由此可见""可知""由此可知"

李绍群（2012）认为作为话语标记的"可见"有推理功能；孟雯（2015）考察了"看来"和"可见"的异同，认为它们都是推论示证表达方式，从示证范畴看，"看来"的确证度相对较低，"可见"的确证度相对较高。

我们基本同意以上观点。"可见"相对于"看得出来"更加强调针对某一客观存在或正在讨论的事实，它一般出现在话语的中间位置，表示之后所传达的命题信息是言语主体根据前面的事实所做出的判断或推论，在功能上它强调命题内容是言语主体的主观看法，是言语主体依据事实所进行的判断和评论，让听话人理解言语主体所表述的命题信息是有根据的，话语的前后部分是有因果联系的，从而让话语能更好地被听话人所接受。举例如下：

（85）还有我们楼里的王大爷，老爷子，一盆水三种用途，先是淘米，再是洗菜，最后还得浇个花什么的，而且这样的家庭，不在少数，可见，大伙的自觉性还是蛮有的。（天津人民广播电台《话说天下事》2009年7月24日）

（86）江启臣先生曾经在2004年的时候被选为台湾最有潜力新秀之一，所以可见其实他对政治有一定的敏感度。（中央电视台《海峡两岸》2010年2月22日）

（87）在卡塔尔，就算和当地人结婚也很难获得国籍，但是如果是体育领域的世界冠军，入籍就容易得多，由此可见卡塔尔对体育的重视。（广州电视台《广视新闻》2010年9月20日）

（88）在国内时说是"赴日求婚"，到了日本又说是来"观察及研究"，可知他赴日是别有居心。（陈廷一《蒋氏家族全传》）

（89）学习佛陀的精神，要能克己复礼，道德自律，才能开发光明的智慧。由此可知，世间上不管哪一种宗教，都非常重视修身之道，因为修身才能去芜存菁，修身才有光明磊落的胸怀，以及择善而行的节操。（《传媒大亨与佛教宗师的对话：包容的智慧》）

"可见"可以单独使用,如例(85),前面举了人们节约用水的例子,然后用"可见"来自然引出言语主体的观点,即"大伙的自觉性还是蛮有的",这里"可见"既有语篇上的功能,把前后话语连接起来,又有人际上的功能,表示后面的论述或观点具有言语主体的主观性,说明是言语主体的推论,从而使后面命题部分不会显得那么突兀,让听话人更好地理解并接受言语主体的论述。它也可以与其他语言成分一起使用,如例(86)和例(87),例(86)中表因果关系的连词"所以"后面用"可见"强调后面的结论是言语主体经推论所作出的,此处"可见"可以省略,不影响命题信息,只是削弱了言语主体的主观性。例(87)中使用"由此可见","可见"本身就具有根据前面的论述而作出结论的意思,"由此"更强调了结论的依据,所以它增强了语气,比"可见"更强调推论具有依据性。例(88)和(89)中的"可知""由此可知"表明其后面话语的命题意义是言语主体根据前面的话语进行推理得来的,它们传递了话语的主观性。

(2) "这么说""这么说来""这样说来"

关于"这么说",徐晶凝(1998)认为"这么说"的主要作用是引出说话人根据对方的行为动作或可能的事实而做出的推论或得出的结论,它后面的内容通常带有强烈的感情色彩,要求对方对自己的推论进行确认。通过对语料的分析,我们基本认同这种看法,"这么说"把之前的话语或事实与之后的推论连接起来,在话语中有语篇功能,但同时也体现了言语主体的主观性,说明"这么说"之后的话语是言语主体主观做出的推论,而且在有些语境中要求听话人对自己的推论进行确认,所以它具有人际性,可以被认为是推论标记。如下面几个例子:

(90)(李嘉诚讲了自己的经历)老板听了,不禁从心里同情起李嘉诚一家。想了想再加询问:"这么说,当年在澄海办学的李老师,如今也在香港了?他可在这里教书?"(窦应泰《李嘉诚家族传》)

(91)史帕克也是这么认为,毕竟前天晚上他们也才刚要经过那边。这么说来盗贼一定还在鲁特附近才对。(水野良《罗德岛战记》)

(92)那确是胡斐的笔迹。这样说来,咱们倒是错怪子安了。(金庸《雪山飞狐》)

例（90）中，"这么说"之后的内容是茶楼老板根据李嘉诚之前的叙述做出的推论，"这么说"是一个推论标记，它本身并不构成推论的内容，只是表明之后的内容是言语主体根据之前听到的情况做出的主观判断。例（91）和（92）中的"这么说来"和"这样说来"同样具有明显的推论意义，说明后面的判断是基于前面的话语推理而来，传递话语的主观性。

（3）"这样一来""这么一来"

殷志平（2015）认为"这样一来"具有语篇功能，如衔接、确立话题等；王凤兰、方清明（2015）认为"这样一来"具有事件指代与紧相推论的双向语用功能，同时具有连接功能和隐性对话体的话语维持功能。

我们认为"这样一来"同时具有语篇和人际功能，语篇上有连接功能，把话语前后部分连接起来，使其更加连贯，在人际上，"这样一来"带有明显的推论意味，表明后面所表达的命题是在考虑之前提到的事实或观点的基础之上做出的。我们通过下面的例子来看"这样一来"的功能及用法。

（93）当雨水注满这个最大的环形水池的时候，积水升到一定高度之后，就会顺着这个沟渠流到其他互相联通的水池中，这样一来，即便雨水再大，也不会漫到城市的街道上。（中央电视台《新闻联播》2010年5月22日）

（94）学校和家长应当聪明地去教，学生应当聪明地去学，这样一来，就会让学生们有更多的时间去认识自己，有更多的空间去发展自己。（中央电视台《面对面》2009年6月6日）

（95）然后我有一些做企业的朋友开始去年关门的，他为什么关门呢？双重夹击，一方面民工的工资涨了，你不涨招不到人，但是他跟海外去沟通，说我提升产品价格，这个能力他没有，产品还是提不上去。所以这样一来，他觉得没法过日子，我这个制造业还做个什么劲，就是替工人打工，替海外人打工，我还不如关门休息，游山玩水去了。（凤凰卫视《锵锵三人行》2010年3月3日）

（96）如果以县里名义注册公司，那起码得给政府那边打个招呼，还要开常委会研究，这么一来事情就复杂化了。（李佩甫《羊的门》）

例（93）中，"这样一来"连接前面的事实与后面的推论，事实是雨水会流到互相联通的水池中，推论是"即便雨水再大，也不会漫到城市的街道上"，"这样一来"表明前后的因果关系，而这个因果关系带有言语主体强烈的主观性，因为是言语主体把前者看作前提，而把后者看作结果，我们可以从中看到言语主体的推理过程，所以，"这样一来"是一个推论标记，它本身不构成命题意义，而只是表明后面的内容是言语主体经过推理而得出的结果。"这样一来"出现在话语中间，以独立成分的形式存在。例（94）中，推论的前提并不是客观存在的事实，而是言语主体的认识，在把言语主体的认识作为前提的基础上，言语主体得出结论，而"这样一来"表明言语主体的主观性，是一个推论标记。它处于话语的中间位置，以独立的形式存在。例（95）中"这样一来"的功能与例（93）和例（94）是一样的，只是它前面用了"所以"，"所以"本身就是表因果关系的连词，表明后面的部分是前面的结果，这与"这样一来"所表达的意义一样，它们连用会加强这种推论的语气。例（96）中的"这么一来"表明后面的内容是言语主体根据前面的假设做出的推论。

从以上例子可以看出，言语行为标记"这样一来""这么一来"一般出现在话语的中间位置，具有推论的意义，传达言语主体的主观性。

三 评价标记

评价标记是言语主体用以对所谈论的命题内容进行价值判断的表达式，它们不构成命题内容，只是表明他们对命题内容的认识，从言语行为的角度来讲，它们本身不传达言语行为的意图，只是对表达意图的命题信息进行评论。因为言语主体对所谈论命题的认识、评价可能会涉及很多方面，有积极的也有消极的，有肯定的也有否定的，所以评论标记范围也很广泛。

弗雷泽（1996）认为评价标记传达说话人对命题所体现的世界状态的看法，英语中的评价标记主要是副词，比如 amazingly, amusingly, annoyingly, appropriately, artfully, astonishingly, cleverly, conveniently, cunningly, curiously, delightfully, disappointingly, disturbingly, foolishly 等。

李秀明（2006、2011）把态度评价标记语分为话语评价标记语（包括：所幸的是、的确、遗憾的是、值得注意的是、具有讽刺意味的是）和言语行为评价标记语（包括：用句时髦的话来说、说好听一点、说得不好听一点、这话有点饶舌、坦率地说、说难听一点、实话实说)。我们认为其中的话语评价标记语是表示评价的,但言语行为评价标记语中的大部分主要用于人际互动。

王蕊(2013)把评价功能标记分为:礼貌标记(包括:恕我直言、我把丑话说在前面等)和态度、方式标记(包括:不客气地说、不瞒你说、老实说、照直说等)。我们认为分类中礼貌标记的主要功能并不是评价,而是用于调节人际关系,态度、方式标记也不是用于评价,而是言说方式标记和互动标记。

通过对语料的分析,我们认为,现代汉语中的评价标记主要由"A的是"结构短语和"可惜""所幸"等表评价的词构成。"A的是"结构的标记主要包括:不巧(不巧的是、很不巧)、糟糕的是(更糟糕的是、最糟糕的是)、具有讽刺意味的是、可气的是(更可气的是)、可惜(可惜的是)、令人高兴的是、令人兴奋的是、所幸(的是)、要命的是(更要命的是、最要命的是)、让人伤心的是、让人生气的是、很遗憾、遗憾的是(令人遗憾的是)、有趣的是、值得一提的是(特别值得一提的是、尤其值得一提的是、更值得一提的是)、值得注意的是、(更)重要的是、主要是、关键(关键是、关键在于)等。

在参考已有研究的结论和分析所收集语料的基础上,我们认为"A的是"短语和"可惜""所幸"等表评价的词既具有篇章连贯功能,又具有人际意义和功能,可以用来传达言语主体对所说事物的态度和评价,做评价标记。

1. 典型案例分析

"所幸(的是)"

关于"所幸",姚小鹏(2011)认为"所幸"是具有衔接功能的评注性副词;姚尧(2015)认为"所幸"既有情态表达功能,又有篇章连接功能,既可以表达说话人对前后话语单位所传达信息及信息之间关系的态度和评价,又可以连接前后话语。

我们利用CCL语料库检索系统对"所幸"进行检索,共得到包含"所幸"的例句984条,其中,"所幸"有两种形式:"所幸"和"所幸的是",只包含"所幸"的例句共有712条,只包含"所幸的是"的例句共有272条。

通过对这些例句的分析我们发现,"所幸"和"所幸的是"在话语中的意义和功能相同，它们具有语篇连接功能，前面一般是讲在言语主体看来不好的事情，后面则是出现的好的结果，"所幸"和"所幸的是"连接语篇的前后两部分，表达转折的意义。同时，由于本身所具有的语义，它们也可以用来表达言语主体对所谈论事物的观点、看法，即认为"所幸"和"所幸的是"之后的话语内容是在不好的情况下出现的好的结果。因此，"所幸"和"所幸的是"可以引出言语主体对事物的评价。由于它们之后的内容才是言语主体想要表达的主要部分，即意图性言语子行为，"所幸"和"所幸的是"只是对意图性言语子行为的评论，所以它们是表达言语主体评论的言语行为标记，又由于它们本身所具有的评价义，因此我们可以把它们称作评价标记。它们一般用在话语的中间，连接话语前后两个部分。举例如下：

（97）新年伊始，世界各地火山运动频繁，仅在2号一天就有两座火山发生喷发，<u>所幸</u>都没有造成人员伤亡。（中央电视台《中国新闻》2010年1月3日）

（98）我是来向你致谢的，我不能说没有埋怨过你，我们在不同的文化背景下相恋，已经令我承受了不少社会与家庭的压力。<u>所幸</u>我成长了，重要的是我已经能够分别，什么是白雪公主的梦想，什么是真实的人生。（朱邦复《巴西狂欢节》）

（99）明末清初，《富春山居图》传到收藏家吴洪裕的手中。吴洪裕酷爱此画，临终前，下令将画焚烧殉葬。<u>所幸</u>，他的侄子用偷梁换柱的方法将画从火堆中救出，但画的中间已经烧出几个连珠洞，整幅画卷断为一大一小两部分。（中央电视台《中国新闻》2010年10月25日）

（100）到了今天人们去艺术院校做人体模特还要被视为见不得人的事，他们的待遇之低令人惊讶，而他们所受到的歧视和世俗偏见的压力，远远超过了物质生活本身的压力。<u>所幸</u>，在北京没有认识我的人，只要能有口饭吃，我是不太在意别人瞧我时那怪怪的眼光的。（《中国北漂艺人生存实录》）

（101）只是到了后来人多为患时，人们顾不得那么多，有栖身的楼房就行了，管他绿化不绿化。<u>所幸的是</u>，我居住的广州市历届领导者是有长远的目光的，他们总是想方设法让花草装点，让绿树美容，

让绿色的林带飘逸缠绕，让花城名副其实。(《人民日报》2000年)

（102）他们就是网络世界的"节点"，编织着虚拟世界的缤彩纷呈。所幸的是，我们有张向东这位"线人"，他把这些貌似无联系的"节点"串连起来，让我们有机会见证勇气、正直、睿智和火热的创业激情。(《创业者对话创业者》)

（103）伙房很小，看起来没有几个人在伙房搭伙。这使我有点担心：搭伙的人越少，每个人被炊事员剥削的量就越大。不过所幸的是，我们现在是工人了，我们可以进入伙房里面去打饭了。(张贤亮《绿化树》)

2. 其他评价标记分析

其他具有评价功能的言语行为标记大部分是由"A 的是"短语构成的，比如"不巧的是""遗憾的是""糟糕的是"等。李宗江（2011）认为"A 的是"短语既具有篇章连贯作用，又可以用来实现主观评价（正面评价和负面评价）功能，表达说话人对事物的主观评价，是评价性的语用标记。(李宗江，2011、2012、2014)

我们认同这一看法，"A 的是"短语做评价标记时，它们的评价意义与它们自身所具有的语义有关，如果它们自身表达正面意义（如"令人高兴的是"），那么就具有正面评价功能，如果它们自身表达负面意义（如"遗憾的是"），那么它们的功能就是负面评价功能。

我们首先分析一下"不巧的是"的意义、功能及用法。

"不巧"表明事情发生的时机不合适，"不巧的是"是对它之后话语命题内容的评价，说明之后的命题内容与之前的命题内容相差太大，或者是与言语主体的期望相差太多。它是言语主体对"不巧的是"后面命题的一种评价，表明他（她）对后面命题信息的看法，带有言语主体的主观性，用"不巧的是"可以传达言语主体遗憾、沮丧等负面的情感，让听话人了解他（她）对所谈论事情的看法。它一般出现在话语的中间位置，之前是言语主体对某事的描述，然后用"不巧的是"来描述事物不同于正常预期的发展方向。可以把它从话语中去掉，但去掉之后就不能传达言语主体言说时的态度，而且整个话语的逻辑会变得不那么清晰，因为"不巧的是"有转折的功能，一旦去掉，这种前后的转折就要靠听话人自己来判断，所以从这个意义上来讲，"不巧的是"同时具有语篇功能，促进话语的前后连贯。以上是"不巧的是"的意义与功能,下面我们通过例子来分析一下"不巧的是"的句法特点。

(104)一年前,市场对融资融券业务推出的呼声达到高潮。<u>不巧的是</u>,伴随金融危机的到来,融资融券渐行渐远。尽管如此,各家券商相关的准备工作却从未停止。(中央人民广播电台《天下财经》2009年11月11日)

(105)目前,IMF宣布由该组织的"二把手",也就是第一副总裁利普斯基代理总裁的职务,或许他本身是个不错的人选。<u>可是不巧的是</u>,IMF上周四才刚刚宣布,利普斯基将在今年8月退休。(中央人民广播电台《新闻纵横》2011年5月17日)

(106)我想是这样的性格,成就了他商业帝国的今天,<u>非常不巧的是</u>,他如今大部分时间不待在伦敦,而待在加勒比海的一个小岛上,所以这次在伦敦,我们正好就错过他,只能够选择通过视频电话和他聊天,希望能够对他多一些了解。(凤凰卫视《鲁豫有约》2013年12月18日)

例(104)中的"不巧的是"在话语中是单独出现的,例(105)和例(106)中则是和其他词连用。例(105)中与"可是"连用,"可是"本身是表转折的连词,"不巧的是"也带有转折的意义,这里更加强调"不巧的是"之前和之后话语内容的不协调,此处的"可是"和"不巧的是"也可以单独使用。例(106)中"非常"是用来修饰"不巧"的,表明言语主体所表现出来的情感强度,即非常遗憾或类似的情感。

总之,"不巧的是"一般位于话语的中间位置,可以以独立成分出现,也可以与其他语言成分一起使用,用来对它之后的命题内容进行评价,强调后者发生的时机不合适或事情与自己的预期相差甚远,从而传达言语主体的遗憾的情绪。

下面例子中画横线的部分同样可以做评价标记,对意图性言语子行为中话语的命题内容进行评价,传达言语主体的观点。

(107)队医马克斯说:"如果让他继续这样比赛下去,他的伤势将变得更重,而且还可能转为慢性。<u>糟糕的是</u>,每天的常规治疗对他

伤势的恢复丝毫不起作用。"（新华社 2002 年 3 月份新闻报道）

（108）<u>值得一提的是</u>，作者思路缜密、文笔清新，直击关键又富含学理，条分缕析又趣味盎然。（《卓越媒体的成功之道：对话美国顶尖杂志总编》）

（109）在肿瘤医院西门的一侧有一个城管的小亭子，这个亭子建了之后，刚开始有两三个人在那坐着，后来连坐着的人都没有了，慢慢窗户和门都给敲碎了，现在只剩下一个空亭子。因为肿瘤医院门口有许多发小广告的，然后<u>特别具有讽刺意味的是</u>，经常会有发小广告的人把小广告藏在这个亭子里面，每天早上会有许多发小广告的人在那工作。（北京人民广播电台《新闻热线》2010 年 2 月 10 日）

（110）一个人揪住我的脖领子，我猛地掐开，撒腿往街上的人流中跑。后面三四个人追上来，<u>可气的是</u>见我跑来，密匝匝的人群忽地闪开一条道，我只得穿街跑进对面的巷子。（王朔《橡皮人》）

（111）<u>令人高兴的是</u>，时光消蚀了复仇的念头，驱散了泛起的愤怒与厌恶之情。（夏洛蒂·勃朗特《简·爱》）

（112）燕寅儿当时笑着回答："你想去哪条前线呢？敌后去不了！河南兵败如山倒，湖南可能要往广西跑，只怕你人还未走到，那里已经有了日本兵！缅甸丛林战，写些通讯倒是吸引人看。<u>可惜</u>，《大公报》早派了随军特派记者吕德润，我没办法用飞机再把你空投下去！你说怎么办？"（王火《战争和人》）

四　强调标记

弗雷泽（1996）认为强调标记用来强调话语的基本信息。我们认为作为言语行为标记的强调标记与弗雷泽所讨论的强调标记的功能基本相同，是言语主体用来对所表述内容的强调手段，可以让听话人对所表达命题有更深刻的印象。强调标记包括：其实、实际上、事实上、（你）（也）（还）（真）别说、不可否认、的确（确实）、不能不说。

1. 典型案例分析

"别说"类标记

这一组标记包括："别说""也别说""还别说""还真别说""你别说""你还别说""你还真别说"等。

关于"(你)别说"做话语标记的研究很多。董秀芳（2007）认为"别说"具有提醒功能，可以提醒听话人注意出乎意料之外的某个情形的真实性，而"你别说"可以引出一个需要听话人注意的信息量较高的陈述。刘永华、高建平（2007），唐善生、华丽亚（2011）都认为"别说"在言语交际中具有强化和提示功能。韩蕾、刘焱（2007）认为"别说"的核心义是"意外"，在对话中，"别说"具有对别人话语认同和反对两种功能，在非对话中，"别说"具有引发话题和转换话题两种功能。尹海良（2009b）认为"别说"的核心义是"确认"和"标异"，它总体上具有"肯定—确认""否定—标异""标异—提醒"和"引发—阐释"四种功能。周莉（2013）认为"别说"类语用标记在不同语境下可用作评价标记、话语标记和人际标记，按照她的定义，"评价标记"是用来标记后续话语是言语主体的评价内容，"话语标记"的功能是在言谈中组织话语、建立关联，"人际标记"的功能在于表明言语主体对受话人的关注。李丽娟（2015）认为"别说"体现出说话人对原有认知的否定，说话人通过"别说"从听话人的视角来表达某一新异信息，并有提示对方关注该新异信息的功能。从以上相关研究的不同结论可以看出"别说"在话语中具有多种功能。

我们利用CCL语料库检索系统对"别说"进行检索，共得到包含"别说"的例句250条，经过筛选，我们得到可以做言语行为标记的"别说"共180例，其中包括它的一些变体，比如"你别说""也别说"等，这些变体的具体分布如表3所示：

表3　　　　　　　　言语行为标记"别说"及其变体

标记	数量	标记	数量	标记	数量
你别说	45	您还别说	7	你们别说	1
你还别说	43	您别说	3	你倒别说	1
也别说	27	可别说	3	你们也别说	1
别说	24	你可别说	3	倒也别说	1
还别说	18	你还真别说	2	还真别说	1

通过对这些例句的分析，我们发现各种"别说"的变体形式在言语行为中的功能基本上是相同的，它们主要用来强调后面所表达的内容，在言语行为中做强调标记，但它们的具体意义和功能会存在一些差异。举例

如下：

（113）和珅无父无母，还上学，别说，不但上了学，还上了一所很好的学校，1759年，他九岁那年，他上了北京的一所最好的学校。（纪连海《正说和珅（一）发迹之谜》）

（114）祖父去世，父亲视水缸为传家宝物。也别说，水缸大还真顶用，天旱无饮水，用牛驾车去几里外拉水时，这口大水缸让村民羡慕得不行。（《人民日报》1995年1月25日）

（115）那时候穷啊。稍好一点的菜帮子都不舍得扔就用来包包子。还别说，菜帮子炒着吃不咋地，就那么一放调料，拿面一包。哎！就是美味了。（CCL网络语料）

（116）梁冬：呵呵，埋人哪。

王东岳：可别说，埋人挣钱。

梁冬：是吗？对对对，现在殡葬公司也是一个暴利行业。（《梁冬对话王东岳文字版》）

（117）王伟端详了一下她的墨镜称赞道："哎，你别说，这墨镜特适合你，酷。"（李可《杜拉拉升职记》）

（118）他写的稿子一般都被留用了，于是他有了一点钱，这点钱对于没有工作的他是一种指引，让他的生活很有方向。你别说，那段日子，他还真写出了不少东西，发表了不少，在省内有了点小名气。（《作家文摘》1997B）

（119）他们还有个办法，那就是鼓吹老百姓不买房就不是个爷们儿！您别说，这还真有点效果。（CCL网络语料）

（120）你还别说，咱就是厉害。我儿子他们公安局来外宾参观，那外宾都是外国人。（皮皮《比如女人》）

（121）您还别说，评委可真不是好当的，起初我还顶一阵子，可慢慢地频频出现失误，打分欠公正，遭到了妻子的抗议。（《人民日报》1993年3月）

（122）乙：等什么？

甲：等着驴。你可别说，天刚一黑还真来啦。（相声《小神仙》）

（123）周亮一拍大腿道："嘿！你还真别说，帕米拉八成是太能

干、碍她事儿了，才被干掉的。"（李可《杜拉拉升职记》）

例（113）中的"别说"有让人吃惊的意思，表示后面所说事情发展的结果超过了人们正常的预期，让人感到吃惊，此处的"别说"所达到的效果就是对后面的内容进行了强调。例（114）中的"也别说"和例（115）中的"还别说"有惊喜的意思，表示前面提到的很一般的东西实现了出乎意料的好的效果，它们在言语行为中的功能同样是表示强调，强调后面提到的好的效果。例（116）中的"可别说"同样是强调标记，强调不要看不起殡葬行业，它可是很挣钱的。例（117）—（123）中的标记增加了"你"或"您"，因而就增加了人际性、互动性，同时增强了它们对后面话语内容进行强调的功能。

2. 其他强调标记分析

（1）"其实""实际上""事实上"

关于"其实"，唐斌（2007）认为它可以做信息修正标记、信息追加标记、语用缓和标记、命题态度标记和信息短缺标记。方清明（2013）对比了"其实""实际上""事实上"之间的异同，认为"其实"虚化程度较高，主观性最强，反预期，一般用于对话体；"实际上"语义方面半实半虚，主观性较强，反预期，一般用于独白体；"事实上"语义较实，主观性偏弱，可以表达顺预期和反预期，一般用于独白体。田婷（2017）认为"其实"在话语中可以起到话轮接续和话题处理的作用，也可以标记有别于听话人预期的信息，并能进一步确立说话人在当前话题上的知识优势，同时体现交互主观性。以上研究提到了这几个词具有语篇意义，同时又体现主观性和交互主观性，也就是说，它们同时具有人际意义和功能。

这几个标记的字面意义都是指它们所引出的内容是实际情况，与前面的描述有反差，可以表达反预期。但我们通过对语料的分析发现，在有些语境中，它们后面的内容并不是所谓的事实，而是言语主体对事物的主观看法，并且这种看法与言语主体之前所说内容或交谈对方所说内容不一样，有转折的意味，同时对后面的内容是一种强调，用来提醒听话人真正的情况应该是怎样的，我们可以把它们看作强调标记。举例如下：

（124）九红："听说老太太真不行了，就这几天的事儿了？"

红花走到床边拿起孝帽子看着:"可不是,上上下下都在预备后事呢!"

九红:"所以,我得赶紧把这孝服预备好了。"

红花:"其实,您用不着自己做,公中一直赶着做呢,人人都有。"(电视剧《大宅门》)

(125) 如果你走进学生们的心里,他们心中从来没有爱国二个字,北京精神在学生们心中其实毫无意义。(CCL 网络语料)

(126) 白琳:那这个时候这个人群把保姆都涵盖进去了,这个是符合规范的吗?

王东:其实按道理是不行的,为什么呢?因为这个保姆也是给他提供服务,平时日常对老人的服务都是由两个保姆来做。(北京人民广播电台《城市零距离》)

例(124)中,"其实"用来强调言语主体不同于对方的观点。例(125)中,"其实"在话语中并不是引出实际情况,而是言语主体在表明他(她)对这个问题的态度,"其实"所限定的内容更多的是言语主体的主观看法,言语主体使用"其实"的目的是强调他的观点,即学生们已经没有爱国精神,北京精神在他们心中毫无意义。例(126)中"其实"同样指的不是事实,而是言语主体的个人观点,这里用"其实"也是起到强调作用,让听话人更加注意到自己的观点。通过对所收集诸多例句的分析,我们发现,"其实"在很多话语里已经失去了原来的意义,虚化程度很高,多用于表示强调。

我们再来看"实际上",通过对语料库的检索,我们发现"实际上"虚化的例子比"其实"明显要少,很多时候它说的就是事实,比如例(127)中,怡景花园的物业管理处对违建的行为采取了不闻不问的态度应该是客观存在的事实,使用"实际上"则更加强调了这一事实。例(128)中的"实际上"说的则不一定是事实,更多的是言语主体自己的主观认识,但使用"实际上"就显得这一说比较客观,"实际上"在话语中同样起到强调作用。

(127) 怡景花园的物业管理处,对于这种明知是违建的违法的行为,实际上是采取了不闻不问的态度,而有关的执法部门对于这种黄

金周期间的违建行为，也没有采取任何制止措施。（深圳人民广播电台《新闻调查》2010年5月6日）

（128）我记得去年好像在年前在我们两会上市政府明确讲，要着力解决北京市这些蚁族他们的住房问题。我觉得这个<u>实际上</u>它的意义是特别重大，而且重要。（北京人民广播电台《城市零距离》2010年2月22日）

再看"事实上"，它同"实际上"类似，多数情况下用来描述客观存在的事实，但有时候用来强调言语主体的观点、认识，如例（129）和（130），"事实上"后面的内容是言语主体对所描述事情的评论，是言语主体的观点，而"事实上"的主要作用是对观点或评论进行强调。它在话语中可以省略，不会影响话语的命题意义。

（129）可能是性格使然，年仅十九岁的曾轶可，面对巨大的反响和争议，表现出和她的年纪不太相符的从容与淡定，只是唱自己的歌对周围的声音不太关注。然而<u>事实上</u>做一个纯粹的音乐人也许拥有才气与好心态就足够了，但是做一个在娱乐圈全方位发展的艺人，这两点似乎就并不够用了。（凤凰卫视《鲁豫有约》2011年10月5日）

（130）小西朋友不多，<u>事实上</u>，每个人严格意义上的朋友都不多，那种不是在生活上互通有无，而是能在心灵上对话、能满足精神需要高层次的朋友，不多，不会多，正所谓，人生难得一知己。（电视剧《新结婚时代》）

总之，从我们搜集到的语料来看，"其实"的虚化程度比较高，很多情况下它不是用来描述实际情况，而是强调言语主体的观点，"实际上"和"事实上"的虚化程度较低，多用来描述实际情况，但它们在言语行为中都可以用于强调。

（2）"不可否认"

"不可否认"是以双重否定的形式表示对事物的肯定、承认，在话语中它可以出现在独白中，也可以出现在对话中，可以出现在话语的中间，也可以出现在话语的开头部分，但一般以独立成分出现，它本身具有概念意义，即"确认""承认"，在话语中有强调的功能，对之后的话语内容进行强调。举例如下：

(131)"<u>不可否认</u>，网络正深刻地改变着大学生们的生活。"山东省教育厅长齐涛说，"今后会有更多的电脑进入大学，这是一种趋势。"（新华社 2003 年 1 月份新闻报道）

(132) 多么美好的幻想，可我怀疑现实是否会如此尽如人意，但<u>不可否认的是</u>，做选择的时候要 Follow your heart，永远有一颗真诚的心。（BCC 网络语料）

例（131）中，教育厅厅长陈述网络对我们生活的改变，使用"不可否认"可以以更加肯定的语气来强调他这一观点，"不可否认"在话语中可以省略，但言语主体想要的语用效果会受到影响。另外，"不可否认"经常与转折连词"但""但是"连用，更加强调"但是"之后的内容。在使用中，也会出现"不可否认的是"这样的短语，如例（132），它的用法和功能与"不可否认"基本相同，但强调的意味会更强一些。

(3)"的确（确实）"

"的确（确实）"一般用来表示肯定、确认，可以用来对所陈述的事物进行肯定，也可以用来对自己前面谈到的事情或别人谈到的事情进行确认，它可以用到言语主体的独白中，也可以用到对别人话语的回应中。当它对别人的话语内容进行确认、肯定时，就是我们下文所要谈到的回应标记。当它在言语行为中对言语主体所要陈述的内容进行进一步肯定、确认时，具有强调的功能，即对它们所引出的言语主体的评论、观点起到强化、支持作用，因此，我们可以把它们看作强调标记。做强调标记时，它们一般用在话语的中间，可以是独立成分，也可以是陈述性话语的一部分。举例如下：

(133) 从我个人来看，凤巢的推出从实际上来讲<u>的确</u>晚了一些，包括从搜索的发展方向来看，也<u>的确</u>应该把自然的搜索结果和商业化信息服务，适度做一个分离。（中央电视台《对话》2010 年 2 月 28 日）

(134) 其实看到他们的时候，也许很多人的脑海当中会浮现出这样的词汇，那就是"财富"。<u>的确</u>，他们不仅为社会创造了大量的财

富，同时在这个过程当中，也成就了他们自己的财富传奇。（中央电视台《对话》2010年10月10日）

（135）就历史价值来说，对中华民族而言，上海世博会确实是百年盛世风华再现，能够恭逢其盛，当然是与有荣焉。（中央电视台《海峡两岸》2010年9月18日）

（136）如果从情感上来分析的话，确实，我们中国在一百多年前，我们是一个疲弱挨打的状态，现在我们逐步走向富强。（中央电视台《新闻1+1》2008年9月12日）

例（133）中，言语主体在陈述自己的观点，即应该把自然的搜索结果和商业化信息服务适度做一个分离，这里"的确"用于强调这一观点。它在话语中不是独立成分。例（134）中，言语主体在前面的话语中谈到了财富，"的确"既是对前面话题的回应，也是对后面话语内容的强调。言语主体以表达强调的方式对所谈论的事情进行评论，发表自己的看法。"的确"在话语中可以省去，不影响命题的基本信息内容。例（135）、（136）中的"确实"具有同样的功能与用法。

（4）"不能不说"

"不能不说"即"必须说""一定要说"，在言语行为中可以做意图性成分，具有命题意义，如下例：

（137）老先生不愿意说，又不能不说，而且还得夸张着点儿说。（老舍《蛤藻集》）

但在一些语境中，"不能不说"不表示言语行为的意图，对话语的命题意义没有影响，它的功能是对之后的话语内容进行强调，不构成意图性言语子行为，而只是对意图性言语子行为进行强化、支持，我们可以把它看作强调标记，它在话语中可以省去。举例如下：

（138）创业难，守业更难，因此要"居安思危"，这不能不说是一条重要的治政规律。（CCL网络语料）

（139）玉亭，不能不说你这大学教授狗屁！你的危言诤论，并不能叫小杜居安思危，反使得他决心去及时行乐，今夕有酒今夕醉！辜

负了你的长太息而痛哭流涕！（茅盾《子夜》）

以上两例中，言语主体所要表达的核心内容是"不能不说"之后的部分，没有"不能不说"并不影响话语命题意义的表达，但"不能不说"可以传递出言语主体的主观性，说明之后的命题内容是言语主体的观点，而且是言语主体非常想突出强调的观点，此时它对意图性言语子行为起到支持作用。"不能不说"可以用在话语的中间，如例（138），也可以用在话语的开头，如例（139），可以和其他词一起用，如例（138），也可以单独使用，如例（139），并不影响它在话语中的功能。

五 言说方式标记

按照弗雷泽的观点，言说方式标记是评论标记的一种，是用来对话语基本信息的传达方式进行评论的语用标记。（弗雷泽，1996）按照我们对言语行为标记的判定标准，它们也是言语行为标记的一种，因为它们在言语行为中不直接表达言语行为的意图，只通过表达言语主体的态度和主观性对意图性言语子行为的实施进行支持。

1. 典型案例分析

"坦率地说"类短语

此类标记包括："坦率地讲（说）""坦白讲（说）""坦白地讲（说）""坦诚地讲（说）""干脆讲（说）（吧）""照直讲（说）吧"等。我们重点以"坦率地说"为例分析一下这类标记的语义、功能及用法。

我们利用 CCL 语料库检索系统对"坦率地说"进行检索，共得到包含"坦率地说"的例句 429 条，然后根据"坦率地说"在这些句子中的功能进行排除、筛选，把那些"坦率地说"在其中做谓语的句子排除，只保留其做状语的句子，最后得到例句 141 条。之所以把"坦率地说"在其中做谓语的句子排除，是因为其做谓语时是意图性言语子行为的一部分，而不是对意图性言语子行为起支持作用的言语行为标记。它做意图性言语子行为时表示说话的动作，后面引出所说的内容，而做言语行为标记时不构成言语行为的意图性部分，只表示言语主体言说时的态度和言说方式，功能是促进言语主体意图的实现。

通过对所筛选语料的分析，我们发现由于"坦率地说"本身具有概念义，即"不隐瞒，如实地说出事实或观点"，它在做言语行为标记时既可以看作具有评论性质的言说方式标记，同时又表达出言语主体讲话时坦率、不隐瞒的态度，可以起到缓和语气、拉近与听话人的距离、得到对方理解的作用，所以它同时也可以被看作互动标记。举例如下：

（140）据说叶圣陶先生曾坦言：你要问我语文怎么教？<u>坦率地说</u>，我不知道。（韩仁均《杂文》）

（141）"您明白我的意思了吗？""<u>坦率地说</u>，不明白。"（莱辛《金色笔记》）

（142）李东宝活跃起来："<u>坦率地说</u>，你这稿我看完很不满意。你怎么把第一稿里好的东西全改掉了？你第一稿有些地方催我泪下，我看这稿特意借了手绢，没想到看了一半倒给我看乐了。"（王朔《编辑部的故事》）

（143）康维总会不失时机地说明自己的动机，可是这会儿他想不出任何的理由。最后他答道："<u>坦率地说</u>，我并没有什么特别的目的，只是我觉得必须告诉你。"（詹姆斯·希尔顿《消失的地平线》）

（144）老板说："你们知道就好，<u>坦率地说</u>，凯腾和我们已有几年的合作关系了，他们生产的镀锌小铁桶，我们用起来相当顺手，所以并不需要再从其他五金厂另外进货了。"（窦应泰《李嘉诚家族传》）

（145）让我想想，我要说什么来着？它就在嘴边。哦！对，是关于我的记忆力。<u>坦率地说</u>我的记性像个铁筛子，通常是左耳朵进右耳朵出。如果现在你问起我正打算与妻子上哪儿吃饭，我都说不出来。（柯瑞·福德《最近有人见过我吗》）

这些例子中的"坦率地说"都可以用作言说方式标记，具有评论性质，对之后的意图性言语子行为进行人际意义上的支持。但同时因为它们自身的语义，又可以作互动标记，如例（140）—（142）中的"坦率地说"具有缓和语气的功能，使言语主体所要表达的负面意义可以被对方所接受，例（143）—（145）中的"坦率地说"可以起到让言语主体的话语得到对方理解、被对方认同的作用。

这一组标记中的其他成员具有相同的功能及用法，如下面例子所示：

(146) 黄绮珊：2008 年以后就，2008 年嘛到参加《我是歌手》，这个几年我都是离开的。

陈鲁豫：再回来肯定是不习惯的。

黄绮珊：<u>坦白讲</u>，不习惯现在。（凤凰《鲁豫有约》2013 年 3 月 21 日）

(147) <u>坦白说</u>，这一次的得双奖，对我意义非同寻常。（《作家文摘》1995B）

(148) <u>坦白地讲</u>，我是一个平凡的人，但我希望追求一个不平凡的效果。（《李敖对话录》）

(149) 谷歌是我所工作的公司里最让人震撼的。我在这里也学到很多。但是<u>坦诚地说</u>，我不再考虑续约。（李开复《世界因你而不同》）

(150) <u>坦率地讲</u>，我非但对高洋那天吃饭时的举止毫无印象，就连那一段我们朝夕相处打得火热的日子我也对高洋毫无印象。（王朔《玩的就是心跳》）

(151) 梁有德的愚直、诚恳、朴实、耐性给大家留下了深刻的印象。<u>干脆说</u>，梁有德的人格征服了狂暴的红卫兵。（王蒙《名医梁有志传奇》）

(152) <u>干脆说吧</u>，研究资产阶级的文学，必须有正确的立场观点，要有个纲领性的指导。（杨绛《洗澡》）

(153) <u>照直讲吧</u>，你提的这个方案与现实距离太远。（自拟）

例（146）—（150）中的"坦白讲（说）"类标记的意义侧重于言语主体讲话时的坦率，例（151）—（153）则侧重于言语主体讲话时不拐弯抹角的直接的方式，它们在话语中使用自己的概念义，在言语行为中主要是表明言语主体言说时的态度。

这一类短语做言语行为标记时，可以和其他词一起使用，不会影响它们在言语行为中的功能。比如："他做得不错，<u>不过坦白讲</u>，还不能算太好。""不过"和"坦白讲"连用，"坦白讲"在这里有缓和负面评价的语气，可以省略，不会影响整个言语行为意图的表达，即对事物进行评价，只是缺少了缓和语气的言语行为标记，表达的效果会受到一定的影响。在不同的语境里，"坦白讲"可以和不同的词或句子成分连用，可以有或者没有独立的语调单位，和其他话语成分可以分离，也可以不分离，并不影响它作为言语行为标记的功能，如："<u>这个坦白讲</u>不太容易。""这个条件，<u>其实坦白讲</u>，蛮苛刻的。"

2. 其他言说方式标记分析

（1）"老实讲"类短语

此类标记包括："老实讲""老实说""老实说吧""实话实说""实在说""实话说""实事求是地说"等。它们可以看作同一表达式的不同变体，它们的意义和功能相近，都是用来让听话人相信言语主体在施行评论性言语行为时是遵循事实或是诚实的，而不是无依据或不真诚的。

这一类标记一般在语音上构成独立的语调单位，在句法上与句子的主干是分离的。它们本身具有概念意义，即"诚实地讲或按照事情的实际情况描述"，而且它们的概念义在话语中是保持的，并没有虚化，表明言语主体讲话时没有偏离事实，这样可以让人觉得言语主体对所讲内容的态度是真诚的，从而拉近言语主体与听话人之间的距离。但它们的概念义对意图性言语子行为中话语的命题意义没有贡献，去掉它们，言语行为的意图没有改变，它们的功能是传达言语主体的态度，促进言语行为的意图更好地实现。举例如下：

（154）（窦文涛：）我觉得就是说生活条件不一定很好，可是为什么我还去，<u>老实讲</u>是因为我喜欢伦敦，能够再去一次伦敦。（凤凰卫视《锵锵三人行》2012年7月24日）

（155）文涛：淡如这个事给你造成什么冲击呢？

吴淡如：其实没有，<u>老实说</u>，我真的是一个很道德的人。因为以前台湾不是有璩美凤事件，我发誓我到现在都没有看过DVD，虽然别人给我很多片。（凤凰卫视《锵锵三人行》2008年2月21日）

（156）"<u>老实说吧</u>，明妮，你和凯特愚蠢到家了。"史密斯太太说道。（考琳·麦卡洛《荆棘鸟》）

（157）拉拉感慨道："<u>实话实说</u>，我从旁观者的角度看，就李坤干活的那样吧，俩字，'卖命'！摊到这样的下属，是做老板的命好呀。"（李可《杜拉拉升职记》）

（158）我认为现在北京它这个，别看上边什么高楼大厦，宽马路，人多车多，<u>实话实说</u>，咱们市政基础设施是很薄弱的。（北京人

民广播电台《城市零距离》2010年7月22日)

（159）窦文涛：不是，许老师，实在说，她没太听懂，她没太听懂。

孟广美：干吗侮辱我？我听懂了。(凤凰卫视《锵锵三人行》2009年9月8日)

（160）刘凯瑞，你要是真这么想，就有点儿自作多情了。实话说，我是奉命而来。奉我们发行部主任之命。(电视剧《新结婚时代》)

（161）她属于不漂亮的那一类女性。实事求是地说，是那类其貌不扬的女性。(梁晓声《感觉日本》)

以上"老实讲"类短语既是言说方式标记，同时又由于自身有"实事求是地讲""真诚地讲"的语义，可以用来寻求对方对自己话语的认同，所以也可以看作寻求认同标记。但他们在做言说方式标记和做寻求认同标记时所出现的语境不同，言说方式标记是言语主体在表明观点、发表对事物看法时所使用的标记，而寻求认同标记则主要用于言语主体与言语交际对象进行互动的场合，因此，虽然它们的意义和形式相同，但功能却存在差异。

（2）"公正地讲（说）"类短语

此类标记包括："公正地讲（说）""公平地讲（说）""客观地讲（说）""客观公正地讲（说）""客观来讲（说）"等。

这一组短语指言语主体陈述事实或观点时的态度是客观公正的，它减弱了所述内容的主观性，既是言语主体对自己言说行为的一种评价，同时也有利于让自己所说的内容被听话人所接受，让听话人有比较正面的看法，同时还有强调的作用，凸显所讲的内容。举例如下：

（162）公正地讲，不承认先天不足后天多少能有所弥补，那不是科学的态度。(王朔《顽主》)

（163）每逢寒暑假，兄妹俩必做的头一件事儿，就是列一个假期计划，几点到几点做作业，几点到几点练字或者练琴，几点到几点看课外书云云。属于"玩"的时间少得刻薄，不过，公平地讲，对家务的要求也非常低，仅限于孩子能有点劳动的概念即可。(李可《杜

拉拉升职记》)

(164) 限价商品房,这样的住房,它是通过市场化运作,能够解决它的资金问题,<u>客观地讲</u>,真正政府需要大量投入的主要在廉租住房和公共租赁住房上。(中央电视台《今日观察》2011年3月3日)

(165) 此间一位足球界人士说:"<u>客观公正地讲</u>,今年的联赛没有多大意思,但是外教和外援的水平还不错。这几年联赛发展非常快,老外功不可没。"(新华社2001年12月份新闻报道)

(166) 记者:那你也是为人父母的人,天天在外面在帮着被拐卖的孩子在奔波工作,自己的孩子怎么办?陈士渠:我孩子上小学四年级,今年十岁,<u>客观来讲</u>,平时确实很少有时间去管他,但出差回来,我能陪一陪他,就多陪一陪他。(中央电视台《面对面》2011年5月15日)

例(162)和例(163)强调言语主体讲话时的公正性,而例(164)—(166)强调按照客观事实来讲,给人以客观的印象,但它们的功能是一样的,即传递言语主体对自己所说内容的态度。

(3)"(毫)不客气地说"

这一短语中的"说"强调说的方式,"(毫)不客气地说"强调言语主体说话的语气,毫不客气,不留情面,把事情的本质或不好的一面说出来,通常表达负面的意义,有批评或贬低的意思。言语主体通过这种表达方式把自己的观点或情绪表达出来,也有强调所说内容的作用。举例如下:

(167) 此外,<u>不客气地说</u>,邓丽君的唱法不说是影响了一代歌手,至少也可说是使相当一部分演唱者得以成名——不为别的,常常只为那歌声里含了几许邓丽君味儿。(CCL 1994年报刊精选)

(168) 薄今而厚古,<u>不客气地说</u>,在一定程度上反映了部分影视工作者精神的残疾和功力的不足。(CCL《人民日报》1998年)

(169) 他们在卖单一产品的时候,承诺单一产品的时候他并不能把整个花园的效果做出来,所以说我觉得,<u>我们不客气地说</u>,我们称他们是游击队。(北京人民广播电台《行家》2009年9月17日)

(170) <u>咱不客气地说</u>,"汉密尔顿"舰这样子的二手货已经使用

了二十多年的巡逻舰，而且还是海岸警卫队的，根本不是战斗舰艇，不堪一击。(中央电视台《环球视线》2012年2月28日)

在例（167）中，"不客气地说"是一种强调，强调言语主体对自己观点的确信，例（168）中，"不客气地说"表达了言语主体对所谈论现象的批评，例（169）和例（170）传递出言语主体对所谈论内容负面的评价。它们的后面就是言语主体所要表达的观点，但是"不客气地说"后面的观点多数是对事物负面的评价。它们可以出现在话语的起始位置［如例（167）和例（170）］，或者话语的中间位置［如例（168）和例（169）］，可以以独立成分出现［如例（167）和例（168）］，也可以和其他词一起使用［如例（169）和例（170）］，它在话语中的位置不会影响它的功能。

（4）"不夸张地说"

"不夸张地说"的语义是按照事实或接近事实来描述事物，后面一般跟说话人对事物的看法或观点，强调言语主体所表达的观点是客观的，这样他（她）的观点更容易得到听话人的认同。一般情况下，言语主体对所表述的内容持积极的态度。

"不夸张地说"有几个经常出现的变体，如"毫不夸张地说""可以毫不夸张地说"，有时也用小句"我们可以毫不夸张地说"，这样可以更加拉近言语主体与听话人之间的距离，使自己的观点更容易被接受。它们在话语中一般以独立成分出现，去掉之后不会影响观点的表达。"毫不夸张地说""可以毫不夸张地说""我们可以毫不夸张地说"，意义并没有太大不同，功能都是对言语主体自身的言说行为进行评价，并对所表达的命题内容起到强调作用，只是加上"可以"或者"我们可以"之后，语气会变得更加缓和。举例如下：

（171）人们获取宠物的方式非常多，且方便，尤其是在网络发达的今天，不夸张地说，鼠标点击几下，想要的宠物就给你送来了。(北京人民广播电台《记者视线》2010年6月13日)

（172）尼泊尔驻华大使：西藏现在生产总值是1959年的近60倍，毫不夸张地说，未来繁荣发展的西藏将是中国经济领域的一枚王冠。(中央电视台《新闻联播》2008年5月16日)

（173）大概以德国为首的欧洲国家从90年代开始就在这方面做了大量的投资，可以毫不夸张地说，在新能源、能源技术的使用，在能源节能和提高能源效力方面的技术，以及在跟环境有关的一些，环境保护、环境处理这方面的技术，欧洲是远远走在世界的前面的。（中央电视台《东方时空》2009年2月2日）

（174）我们可以毫不夸张地说，就业已成为现阶段的第一民生。（天津人民广播电台《观点》2008年3月24日）

(5)"说穿（白）了"

关于"说白了"，孙利萍（2014）认为"说白了"具有引出对所说概念、原因的解释、引出对所说事件的认识与看法、引出对所说内容的总结与概括等语篇功能。我们认为"说白了"的这些功能不仅是语篇的，更是人际的，因为它传达出后面的内容是言语主体的主观看法，具有评论的性质。比如："他这种做法，说白了，就是空手套白狼。"其中的"说白了"的首要功能应该是帮助表达言语主体的态度和对事物的评论，具有人际意义。

"说穿（白）了"通常用于言语主体对事物本质、规律、发展态势等情况的判断，它们本身具有概念义，即对事物的真实情况进行描述或用简洁、易懂的语言对事物进行描述，它们在言语行为中使用自己的概念义，但它们的概念义对表达意图的话语部分的命题意义没有影响。它们作为言说方式标记，不直接表达言语主体的意图，而是以传达言语主体主观看法和态度的方式对言语行为意图的实现起到支持作用。举例如下：

（175）听了专家的解释，我相信有些观众朋友可能还是不大明白权证是个什么东西。其实说穿了它也并不神秘。（北京电视台《城市》2008年1月4日）

（176）当今海外华人勤奋的对象还是非常功利非常现实的，说穿了还是父母畏穷，要让儿女这一代翻身。（凤凰卫视《锵锵三人行》2010年6月1日）

（177）实际上次贷危机也好，美国贸易赤字也好，说穿了，就是美国人消费的太多，生产的太少，形成了缺口。（凤凰卫视《锵锵三人行》2009年4月8日）

（178）但是前提就是一点，在转型社会有很多东西是见不得阳光的，说白了，很多问题为什么弄得很复杂，因为它在暗箱操作。（北京人民广播电台《城市零距离》2010年9月24日）

（179）他一辈子也只能当半个学者，半个上流社会的人，也就是半瓶子醋，说白了，也就是一无所长……（屠格涅夫《罗亭》）

例（175）—（177）中的"说穿了"都用在话语的中间位置，前面是话题，后面是言语主体对话题发表的看法，而"说穿了"的意思是"从本质上来说""从实际情况来说"，表明了言语主体的言说方式和言说时的态度，对后面言语主体的看法起到强化作用。例（178）—（179）中的"说白了"在言语行为中有相同的功能。

(6)"说到底""说到家""说到头儿"

"说到底""说到家""说到头儿"的语义是"说到本质""说到根本"，它们的功能是表明和强调话语内容是说话人对事物本质或根本的一种看法，从言语行为的角度来讲，它们不表明言语行为的意图，而只是对意图性言语子行为起到支持作用，具有评论功能，凸显了言语主体的认识和判断。它们在言语行为中可以省略，不会影响言语行为意图的表达。例（180）—（182）中的"说到底""说到家"和"说到头儿"就是凸显了话语的内容是言语主体的认识，具有评论性的意义和功能。

（180）为了防止别人占自己的位子，山东经济学院的不少学生，每天晚上都会用车锁把桌子和椅子的腿锁在一起，成了"最保险的占座"。说到底还是僧多粥少，校区老，座位少，学生多，如果自习室这样的学习资源能更健全一点，又何必费尽心机出此下策呢？（中央人民广播电台《新闻纵横》2010年10月22日）

（181）撤也好，打也好，走也好，留也好，也就是个对事物的认识，说到家也不过是个"能力""水平"问题。（张正隆《雪白血红》）

（182）说到头儿，你对这个事情不还是不同意吗？（自拟）

六 认识立场标记

"立场"（stance）是一个涵盖范围广泛的概念，不同的研究者对"立场"这一概念的认识和定义也受到自己研究背景和研究兴趣的影响而有所不同。奥克斯（Ochs，1996）认为立场是社会行为和社会身份的重要组成部分，可以分为认识立场（epistemic）和情感立场（affective），认识立场涉及说话人的知识，如对一个命题真实性和知识来源的确定程度，情感立场涉及说话人的情感，它可以帮助构建社会行为的意义。比伯等（Biber et al.，1999）认为立场是说话人或作者的个人感受、态度、价值判断或评估。康拉德和比伯（Conrad & Biber，2000）把立场分为认识立场（epistemic stance）、态度立场（attitudinal stance）和风格立场（style stance），认识立场是指说话人或作者对一个命题的确定性（或怀疑）、可靠性或局限性进行评论，包括对信息来源的评论，态度立场表达说话人的态度、感情或价值判断，风格立场描述信息呈现的方式。伯曼（Berman，2005）认为话语中的立场包含三个相互关联的维度：方向（orientation），包括发送者（sender）、文本（text）和接收者（recipient）；态度（attitude），包括认识（epistemic）、道义（deontic）和情感（affective）；普遍性（generality），即话语中提到的人物、地点和时间的相对一般性或特殊性。认识立场表达作为认识主体的说话人或作者对某一事态存在的可能性、确定性和证据的认识，道义立场涉及说话人或作者的判断和评价，情感立场是指说话人或作者对某一事态产生的情绪，如渴望、愤怒、悲伤等。

虽然不同学者对于认识立场的论述不尽相同，但总体上都认为认识立场表达说话人对于命题的真实性、确定性和信息来源的认识。我们在本书中所讨论的认识立场标记是指在言语行为中帮助言语行为主体表达或强化自己对事物认识的语言形式，如"我看""要我说""在我看来"等。

1. 典型案例分析

"我看"类标记

这一组短语包括："我看""我想""我认为""我以为""我觉得（说）""我寻思""我琢磨"等。

关于"我看""我想"，陈振宇、朴珉秀（2006）认为"我看"具有认识情态、道义情态和提请注意的功能；李丽娟（2015）认为"我看"具有真诚、委婉地建议和对事实和价值进行断定的功能，"我想"具有断言的功能。我们基本同意以上观点，认为"我看""我想"的首要功能是断言，表达言语主体对事物的认识。

我们利用CCL语料库检索系统对"我看"进行检索，由于包含"我看"的例句过于庞大，而且很多句子并不符合我们搜索的目标，所以为了更加精确地搜到"我看"做言语行为标记的例子，我们在"我看"后面加逗号，前面分别输入逗号、句号、问号、感叹号和引号，分别得到符合要求的例句142个、113个、39个、31个和156个，然后对这些例句进行分析。通过对语料的分析，我们发现"我看"做言语行为标记的主要功能是引出言语主体对事物的观点、立场，但在不同的语境里，它的功能会有一些细微的差别。举例如下：

（183）每当汪先生讲起这一段往事时，脸上总挂着一丝冷峻的笑，我看，好近似嘲笑。（CCL 1994年报刊精选10）

（184）我看，你的酒还没醒呢！我跟你去弄点早餐，吃了东西，精神会好一点。（琼瑶《月朦胧鸟朦胧》）

（185）陆定一同志说，李欣同志是老实人，实事求是的人。我看，陆定一同志的这篇序，倒正是老实人实事求是作风的一个典范。（CCL 读书 Vol-019）

（186）很多人，包括我自己，排行老九，读之外，兼写，兼编印出版，甚至兼包销若干，就会自信是全才了吧？我看，与钟叔河先生相比，绝大多数只是半瓶醋而已。（CCL 读书 Vol-178）

（187）你们要好好帮助他，他还不是阶级敌人，但事情是严重的，我看，让他先做个深刻检讨，挖挖根源，然后大家帮他分析。（CCL 网络语料）

（188）除非我能马上动身去广州，不然，就需要找点事做。我看，我来教他们读书，你来教他们体育，如何？（琼瑶《青青河边草》）

例（183）和例（184）中的"我看"用来引出言语主体的立场，更确切地说是引出言语主体对事物的判断，例（185）和例（186）中的"我看"引出言语主体对事物的评价，而例（187）和例（188）引出的则是一种建议。但总体上来讲，"我看"用来表达言语主体的观点、立场，是立场标记。

这一组标记的其他成员也是以言语主体"我"开头，表明"我"对事物的看法。"我认为""我以为""我想"是一般性的用法，表明言语主体想表明自己对事物的看法，如例（189）—（191）中，它们表明后面的命题内容是言语主体对这一事情的看法。"我觉得"与"我认为"的意义与功能基本一样，只是在表达自己观点时态度更谦虚一点，如例（192）和例（193）。"寻思"和"捉摸"一般表示思考的心理过程，但在对话中，"我寻思"和"我琢磨"也可以用来表明自己的观点，只是它们在表达观点时言语主体显得不那么自信，或者是一种礼貌的行为，使自己对所表达的内容显得不那么肯定，如在例（194）和例（195）中的用法。这些标记在言语行为中的功能是一样的，即强调它们之后的内容是言语主体的立场和观点，是言语主体对事情的看法或者评论。

（189）现在我感觉大家对我这个慈善还是比较认可的，到目前为止一直在坚持，<u>我认为</u>慈善只要坚持下去，发自于内心，总而言之最后慈善是光明的。（中央电视台《对话》2010年10月10日）

（190）<u>我以为</u>一种优秀的、高贵的道德品质，并非中国所独有的，而是人类共同追求的理想。（《李敖对话录》）

（191）至于其他的也没有特别值得说的，条条大路通罗马，<u>我想</u>每个人都有自己成功的经验。（《国内私募基金经理对话》）

（192）如果说给这个算式的话，我的这个算式就是，技术乘以市场需求应该等于成功。因为<u>我觉得</u>技术无论如何，无论多么先进，如果没有市场需求的话，它是不能够走向成功的。（中央电视台《对话》2010年2月28日）

（193）这是王东岳老师，也就是子非鱼老师他的一个研究结果，不见得完全正确，但是<u>我觉得</u>说，他起码提出了对这个事情的一个看法。（《梁冬对话王东岳文字版》）

（194）"他不也是穷人吗？"白大嫂子明明知道上当了，还是说了这一句来给自己掩饰。

"你是外屯才搬来的吗？你还不明白他那个埋汰底子？"李大个子说。

"<u>我寻思</u>，人一穷下来，总该有点穷人的骨气。"白大嫂子说。（周立波《暴风骤雨》）

（195）<u>我琢磨</u>，我们虽然有品种繁多的小吃，但这仅仅是资源，还缺少一种载体，方能成为真正意义的快餐。（《人民日报》1993年

2月）

2. 其他立场标记分析

（1）"要我说"类标记

这一组标记包括："要我说""让我说""照我说""叫我说""依我说""依我看"等。

关于"要我说"，张金圈、唐雪凝（2013）把它看作认识立场标记，用于提出对立的观点或就提问进行回答，引出说话者对某事物的主观认知、评价或建言。我们认为这一组标记具有相同的功能，即表明后面的内容是言语主体对事物的主观看法，而它们只是用来引出这一主观看法，对主观看法的具体内容没有影响。从言语行为的角度来看，它们是言语行为标记，不构成言语行为的意图，只对意图性言语子行为（即言语主体阐明观点的行为）起到支持作用，强调言语主体的观点、立场。举例如下：

（196）"现在做了怎么也得休息几天，新闻发布会怎么办？"简佳说，"要我说，开完了会再说，不差这两天。"小西这才没再坚持。（电视剧《新结婚时代》）

（197）"我不同意。"赵中和冷不丁地说，"因为我根本就闹不明白，这条莫名其妙的纪律究竟是什么意思？让我说，像在我们这样的监狱里，究竟有什么需要如此保密的东西？不就是这么一堆犯人么？这些犯人身上的事情，那还不都是公开的事实？这需要保密么？"（张平《十面埋伏》）

（198）淑娴摇着她的手，恳切地说："照我说，春玲啊，你就点头吧。孙老师文化高，长得也好，对你又那么贴心，你再打着灯笼也难找上这样的女婿啦！"（冯德英《迎春花》）

（199）熊向晖眨眨眼，扑哧一声笑了："叫我说，给洋鬼子看戏，本身就是对牛弹琴。"（权延赤《走下圣坛的周恩来》）

（200）李清洋的老婆李家少奶奶在一边旁听，这时插嘴说："叔，依我说，咱们等两天再看。"（刘震云《故乡天下黄花》）

（201）这么多旅游者到敦煌来，他们固然想一睹这座西域重镇的风采，依我看，更吸引他们的是莫高窟。（CCL 1994年报刊精选09）

(2)"在我看来"

"在我看来"强调言语主体"我"的视角,区别于"在你看来"或"在他看来",强调言语主体对事物的看法。它在话语中的位置比较灵活,可以出现在话语的起始位置[如例(202)],也可以出现在话语的中间位置[如例(203)],它在话语中可以省略,后面的话语依然可以表明是言语主体的观点,但言语主体的主观性会受到影响,不再强调后面的观点是言语主体的主观看法。

(202)曾经有人说,谁掌握了海洋资源,谁就掌握了未来。<u>在我看来</u>,在今天这样一个全球化的时代,谁能够更好地利用海洋资源,谁将能够更快地占领未来的战略高地。(中央电视台《对话》2011年2月27日)

(203)今天我期待这位嘉宾,实际上他更应该是一位哲学家,<u>在我看来</u>,他的长处跟优势实际上是善于用哲学的角度去分析世界的宏观经济,同时为他的角色做出一些理论支持。(中央电视台《对话》2009年6月17日)

(3)"(我们)可以说""可以这么(样)说""应当(该)说"

"可以说"和"可以这么(样)说"是对所谈论事物的一种衡量、判断、评估。做言语行为标记时,它们一般出现在话语的中间位置,前面是对事实或观点的陈述,后面是言语主体对所谈论事物做出的判断,它们不形成独立的语义单位,在言语行为中的作用是用来表明言语主体对事物的判断、对命题内容的总结或对命题的进一步解释,以凸显或强调言语主体的立场或观点。它们可以从话语中省去,不影响话语的命题意义。有时前面可加上"我们",不影响作为言语行为标记的功能。例句如下:

(204)星云大师:古往今来很多修道证悟的高僧大德,他们开悟的方法<u>可以说</u>千奇百样,有的禅师看到花开花落而豁然有悟,有的禅师听到泉流蛙鸣而开悟,有的禅师打破了杯盘碗碟而开悟。(《传媒大亨与佛教宗师的对话:包容的智慧》)

(205)克:接着宇宙心也寂灭了。博姆:没入了那个背景之中,对不对？

克：是的。博姆：因此我们可以说那个背景既没有开始，也没有结束。（《超越时空：20世纪最卓越的两位心智大师的对话》）

（206）邓小平先生集中了全党、全国人民的智慧，提出了"一国两制"这样一个构想。可以这么说，只有关于"和平统一"这样一个方针还不行，只有提出了"一国两制"以后，这个"和平统一"的方针才是科学的，才是可行的，才是有希望的。（《李敖对话录》）

（207）可以这样说，厦门现场办公会拉开了声势浩大的全面"造港"运动的序幕。（CCL 1994年报刊精选01）

（208）确实全球大宗产品是由美元定价的，因此大宗产品价格的下跌，那么美元的上涨，应当说是同一个问题的两面，是一个硬币的两面。（中央电视台《对话》2008年11月24日）

（209）但是我去坐出租车坐过好几趟，到了一些口岸、到了蛇口，包括到布吉，都去看了看，应该说对深圳确实有了进一步的了解。（中央电视台《对话》2010年8月8日）

以上例句中的"可以说""我们可以说""可以这么说""可以这样说""应当说""应该说"都表明后面话语的命题意义来自于言语主体对事物的判断，言语主体所要表达的意图体现在后面的话语中。

第三节 小结

本章讨论了"人际支持性"言语行为标记的第一种类型：宣示标记。宣示标记是言语主体在进行单向的宣示行为时所使用的言语行为标记，它并不是宣示行为本身，不表达言语主体所要宣示的具体内容，不改变言语行为中意图性话语的命题意义，只是用来标记宣示行为，传递出言语主体对所宣示内容的态度、评价和感受，对宣示行为的顺利实施起到支持作用。

我们在总结已有相关研究中对这些标记功能的认识以及通过语料库检索对这些标记的功能进行分析的基础上，借鉴马丁和怀特（2005）评价系统理论中对态度的划分，从总体上把宣示标记分为情感宣示标记和观点宣示标记。在参考弗雷泽对评论性语用标记类别划分的基础上，把观点宣示标记分为判断标记、推论标记、评价标记、强调标记、言说方式标记和认识立场标记。宣示标记的分类如图 7 所示：

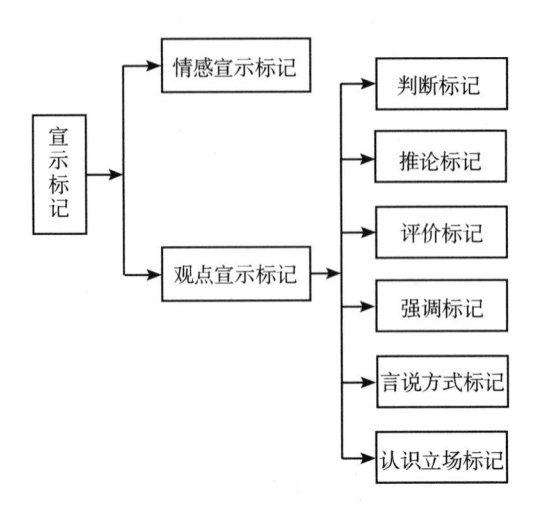

图 7 宣示标记的总体分类

宣示标记的具体分类如表 4 所示：

表 4　　　　　　　　　宣示标记的具体分类

总类	一级分类	二级分类	标记
宣示标记	情感宣示标记		真是（的）、我（就）说嘛、我说什么来着、敢情、（你）别看、好家伙、好嘛（么）、你说说、你瞅瞅、你看看、你瞧瞧、乖乖、合着
	观点宣示标记	判断标记	无疑（毫无疑问、毋庸置疑）、不用说（问）、不消说、不言而喻、显然、很明显、显而易见、明摆着、摆明了
		推论标记	看来、看似、看起来、看上去、看样子、看得出来、看这意思、瞅这意思、可见、由此可见、可知、由此可知、这么说、这么说来、这样说来、这样一来、这么一来
		评价标记	不巧（不巧的是、很不巧）、糟糕的是（更糟糕的是、最糟糕的是）、具有讽刺意味的是、可气的是（更可气的是）、可惜（可惜的是）、令人高兴的是、令人兴奋的是、所幸（的是）、要命的是（更要命的是、最要命的是）、让人伤心的是、让人生气的是、很遗憾、遗憾的是（令人遗憾的是）、有趣的是、值得一提的是（特别值得一提的是、尤其值得一提的是、更值得一提的是）、值得注意的是、（更）重要的是、主要是、关键（关键是、关键在于）

续表

总类	一级分类	二级分类	标记
宣示标记	观点宣示标记	强调标记	（你）（也）（还）（真）别说、其实、实际上、事实上、不可否认、的确（确实）、不能不说
		言说方式标记	坦率地讲（说）、坦白讲（说）、坦白地讲（说）、坦诚地讲（说）、干脆讲（说）（吧）、照直讲（说）吧、老实讲、老实说、老实说吧、实话实说、实在说、实话说、实事求是地说、公正地讲（说）、公平地讲（说）、客观地讲（说）、客观公正地讲（说）、客观来讲（说）、（毫）不客气地说、不夸张地说、说穿（白）了、说到底、说到家、说到头儿
		认识立场标记	我看、我想、我认为、我以为、我觉得（说）、我寻思、我琢磨、要我说、让我说、照我说、叫我说、依我说、依我看、在我看来、（我们）可以说、可以这么（样）说、应当（该）说

值得一提的是，很多已有的相关研究都讨论了话语标记和语用标记的多功能性。（希夫林，1987；布林顿，1996；韩戈玲，2005；殷树林，2012a；克里布勒，2017）言语行为标记同样具有多功能性。一个言语行为标记在不同语境中会具有不同的功能，即使在同一语境中也可能同时具有不同的功能，这些功能可能分别属于人际、语篇和概念这三种元功能，也可能只属于某一类元功能，比如人际功能。

本书中，我们是按照单一的功能类别对汉语"人际支持性"言语行为标记进行分类和分析的，但实际上，有些言语行为标记不应该只归到某一言语行为类别下面，它们可以属于不同的言语行为类型。例如本节所列出的评价标记在同一个言语行为中就可以具有两种不同的功能，它可以做评价标记，帮助言语主体发表看法、表达态度，具有人际支持功能，但同时，它还有话语连接功能，用来促进话语的连贯，因此也具有语篇支持功能。一些言说方式标记，比如"坦率地说"可以看作宣示标记，具有宣示功能，但同时也具有寻求对方认同的功能，因此，这些标记可以具有不同的人际支持功能。

第五章

回应标记

　　回应标记是言语主体用来对言语交际对象的话语内容进行回应，表明自己的态度，以帮助实现自己交际意图的言语行为标记。言语主体在与他人进行言语互动时，会针对对方的话语做出有目的的回应，在此过程中，回应标记可以表达言语主体的态度，增强言语主体话语的互动性，使言语主体的意图得到更好地传达。回应标记通常带有人称代词"你""我"或一些表达语气的词，它们不表达话语的命题内容，但可以帮助言语主体传达出对对方话语的态度，体现出人际互动性，对方可以从这些标记中判断言语主体的态度并预测其接下来将会实施什么样的言语行为。作为意图性言语子行为的支持性手段，回应标记具有可选择性，言语主体可以选择使用这些标记，也可以选择不使用这些标记而直接表达自己的意图。当言语主体选择使用这些标记时，对方可以更好地了解言语主体对其话语的态度，从而增进双方的互动。

　　我们对与本书中所列出的回应标记相关的一些研究进行了分析，这些研究主要讨论了如下一些标记：拜托、得、得了、得了吧、好吧、好不好、就是、看（瞧）你说的、可不（是）、是这么回事、这么说吧。我们对这些研究中讨论到的回应标记的功能进行了总结，结果如下：（1）表达否定、不满、消极、制止、反驳或责怪；（2）表达肯定、赞同；（3）解释。另外一些我们所搜集的回应标记在已有研究中并没有提及，我们也会在文中进行讨论。

　　在此基础上，我们从对汉语不同语气进行回应的角度对言语交际过程中可能出现的回应性言语行为的类型进行假设，以期找到对回应标记的分类框架有益的启示。汉语四大语气包括陈述、疑问、祈使和感叹，针对陈述的回应一般是肯定或否定，即听话人同意或不同意说话人陈述的内容；针对疑问的回应一般是澄清、解释；针对祈使语气的回应一般是同意或不同意，或者不需要语言上的回应；针对感叹语气，听话人可能附和、同意或不同意，或不进行语言上的回应。由此可以发现，针对汉语四大语气的可能的回应类型包括：肯定、否定、澄清、解释、同意、不同意等。但是，这些回应中不一定需要回应标记。

另外，伊丽莎白·库珀·库伦和玛格丽特·塞尔廷（Elizabeth Couper-Kuhlen & Margret Selting，2018）在《互动语言学：社会互动中的语言研究》（*Interactional Linguistics：Studying Language in Social Interaction*）一书中讨论了四种行为类型及其回应方式。

第一是疑问（questions）及其回应（their responses）。特殊疑问句要求提供信息和澄清等行为，对特殊疑问句的回应方式有三种：提供信息（informing）、抵制性地提供信息（informing but resisting）和拒绝提供信息（disclaiming ability or willingness to inform）。是非问要求对信息进行确认，对是非问的回应方式有三种：肯定和确认（affirming and confirming）、抵制性地肯定和确认（affirming and confirming but resisting）及否认（denying and disconfirming）。

第二是提议（offers）和请求（requests）及其回应（their responses）。提议是有利于被请求者的行为，而请求是有利于请求者本人的行为，提议和请求的回应方式包括：接受、遵从（acceptance）和拒绝（rejection and refusal）。

第三是新闻传递（news deliveries）、信息告知（informings）及其回应（their responses）。对新闻和信息的回应方式一般是使用表示接收到或知晓信息的词，如 oh。

第四是评价（assessments）、恭维（compliments）、自贬（self-deprecations）及其回应（their responses）。对评价、恭维和自贬有不同的回应方式，对一般性的评价可以使用赞同、不赞同等回应方式。

这四种回应方式多采用二分法：肯定（肯定、确认、接受、遵从、赞成）或否定（否认、拒绝、不赞成）。

以上，我们对已有研究进行了回顾，对研究中列出的回应标记利用现有语料进行了分析，对汉语不同语气的回应方式进行了假设，并且参考了互动语言学研究中各行为类型的不同回应方式，在此基础上我们构建了回应标记的功能类别，把回应标记分为：肯定标记、否定标记、修正标记和解释标记（见图 8）。

在构建回应标记功能类别的基础上，通过分析此类下属具体标记的语义参数，根据它们的主要功能把它们分别归到肯定标记、否定标记、修正

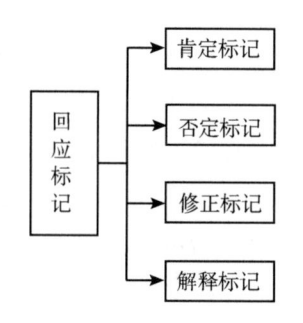

```
          ┌─→ 肯定标记
回应       ├─→ 否定标记
标记       ├─→ 修正标记
          └─→ 解释标记
```

图 8　回应标记的基本结构

标记和解释标记的框架下。具体结果如下：

肯定标记包括：可不（是）、就是、真是、的确、确实、是这样（的）、是这么回事；

否定标记包括：得、得了、得了吧、得了吧你、你得了、看（瞧）你说的、哪儿的话、哪里的话、哪儿呀、什么呀、拉倒吧（你）、拜托、真是；

修正标记包括：看（瞧）你说的、哪儿的话、哪里的话、哪儿呀、什么呀、拉倒吧（你）、拜托、不是、话不能这样说、话不是这样说的、好吧、好吗、好不好；

解释标记包括：是这样（的）、是这么回事、我是说、我的意思是（说）、这么说吧、就是说。

第一节　肯定标记

肯定标记是指在言语交际过程中言语主体在表达对对方所说内容认同或赞成时所使用的言语行为标记，它们一般在话语中可以省去，不影响话语的命题意义和言语行为意图的表达，只是用于强化言语主体认同或赞成的言语行为，它们一般出现在应答话论的起始位置。

肯定标记包括：可不（是）、就是、真是、的确、确实、是这样（的）、是这么回事。

1. 典型案例分析

"可不（是）"

关于"可不（是）"，于宝娟（2009）认为话语标记"可不"具有

"赞同、认同"的功能；孙利萍（2011）和代丽丽（2018）都认为"可不是"具有肯定、赞同的功能；王长武（2016）认为"可不是"一般出现在会话的应答话轮，对对话中前一说话人的话语表示确认和赞同。可见，研究者普遍认为"可不（是）"的肯定、赞同的话语功能是相当明显的。

"可不"和"可不是"可以表示附和赞同对方的话，比如："您老有七十岁了吧？<u>可不</u>，今年五月就整七十啦！"（《现代汉语词典》第7版）再比如："咱们该去看看老赵了。""<u>可不（可不是）</u>，好久没去了。"其中的"可不（可不是）"就是表示同意对方的话。（吕叔湘，2004）"可不（是）"在互动话语中可以做回应性的标记语，功能是赞成、肯定对方所说的内容。从"新言语行为分析"的角度来讲，如果言语主体在说完"可不（是）"之后还做进一步的表达，那么可以把"可不（是）"看作言语行为标记，因为它们之后的内容才是言语行为的意图性部分，它们只是对意图性部分进行人际方面的支持，对对方的话语做出肯定的回应。

我们利用CCL语料库检索系统对做回应标记的"可不""可不是"进行检索。因为"可不""可不是"做回应标记时一般出现在新的话轮开头，而且单独使用，不与其他词语连用，因此，我们在"可不""可不是"前面输入引号，在它们后面输入逗号，然后进行搜索，分别得到42条和85条结果。通过对结果进行分析，我们发现"可不""可不是"在所有的语料中都不同程度地表示对对方说法的肯定、认可，这也证实了前人的研究结果。例句如下：

（210）"赵叔叔，真没想到，咱们镇夜校搞得这么红火。"
"<u>可不</u>，利用冬天农闲办夜校，科技站的技术员、学校的老师都上阵了，人手还挺紧张呢！"（《人民日报》1996年4月）
（211）"等咱们长大了，只怕是生意越来越难做呀。"
"<u>可不</u>，我这二十五岁以前发财的计划恐怕要延期了。"（王朔《我是你爸爸》）
（212）"现在这些孩子和咱们那时候真不一样。"
"<u>可不</u>，咱们上学那时候多纯呀，就知道听党的话，做毛主席的好孩子。现在这些孩子可好，没他们不知道的。"（王朔《刘慧芳》）

（213）马英笑着说："闹了半天，鬼子的脑袋也是肉长的啊！"

"可不，还没有我们的结实哩，哈哈……"（李晓明《平原枪声》）

（214）今天老套子见冯老兰坐在牛车上，看着他亲手喂胖的大犍牛，嘻咧咧地说："年幼的人们就是爱摆阔，不喜欢牛，光喜欢大骡子大马。"

冯老兰说："可不是，贵堂老早就劝我把牛卖了，买大骡子大马呢！"（梁斌《红旗谱》）

（215）深深知道他们的家庭底细的大个子，趁着这机会说："你看我倒忘了，你的小扣子不是那年死的吗？"

"可不是，叫韩老六给整死的。"白大嫂子火了，狠狠地骂道："那个老王八，该摊个炸子儿。"（周立波《暴风骤雨》）

以上例子中的"可不""可不是"都是做回应标记，肯定对方所讲内容，促进双方的互动以及自己言语行为的进一步实施。

2. 其他肯定标记分析

（1）"就是"

关于"就是"，张惟、高华（2012）认为"就是"可以做进一步说明解释的标记、修补标记和停顿填充词；姚双云、姚小鹏（2012）认为其可以做应答标记、话轮发端语和停顿填充词；史金生、胡晓萍（2013）认为其语篇组织功能包括确立话题、自我修正、标记迟疑和明示等；郝玲（2017）认为在会话中，"就是"可以标示立场，特别是肯定立场，其标示肯定立场时，有"知晓与知重""确认""肯定性承接"和"赞同"四种不同的具体功能。从以上研究可以看出，"就是"在话语中既具有语篇组织功能，又具有表达立场的人际功能。

这里，我们重点讨论"就是"用于对对方话语进行肯定的人际功能。同上文中的"可不""可不是"一样，"就是"做回应标记时通常表示对对方话语的肯定与认同。举例如下：

（216）甲：现在出门谁还带现金呀！

乙：就是，我已经很久没摸过现金了，现在微信、支付宝那么方便。（自拟）

(217) 燕妮（看着佟志夹着公文包过来）嘟囔着说：狗子就不上学，回东北老家当小民兵天天抓特务，我为什么要上学啊？

佟志（弯下腰，为女儿整理书包）随声附和：<u>就是</u>，上学有什么意思！（电视剧《金婚》）

(218) 佟志把大庄一推，说：你这算什么？啊？有没有点道德观啊！你是结了婚的人，你和梅梅早就应该一刀两断了。

大庄不满地说：就是跳个舞呗，有啥大不了的？

梅梅也说：<u>就是</u>，我们是朋友，跳舞怎么啦？（电视剧《金婚》）

例（216）—（218）中的"就是"表达了言语主体对对方所说内容的肯定与赞成，但它们不构成单独的言语行为，它们的功能是在言语互动中对对方的话语进行回应，以更好地实施之后的言语行为。

(2)"真是"

上文我们在讨论情感宣示标记的时候谈到"真是"的用法，它可以帮助言语主体表达各种情感，但在分析语料时我们发现它也可以做回应标记，用于言语主体对对方的话语进行肯定的回应，表示肯定或赞成。现举例如下：

(219) 这位受了捧的参议员承认了这点，接着说："我很盼她早点回来；真的，这会儿她让我牵挂。瞧！既然您厌烦巴黎，您该回隆西爱带她回来。她会听您的话的，因为您是她最好的朋友；至于一个丈夫……您知道。"高兴极了的奥利维埃回答说："<u>真是</u>，我想这再好不过……"（莫泊桑《死恋》）

(220) "你这人口好心坏，口上多蜜，心上生蛆，你以为我不懂。""你懂个什么！光棍心多，叫人开口不得。"另外一个顶年青，看来好像是和那男的有点情分的女人，就插嘴说："唉嗨。得了罢了，又不是桃子李子，虫蛀了心，怎么坏？"那男的说："<u>真是</u>，又不是桃子李子，心哪里会坏。又不是千里眼，有些东西从里面坏了，眼睛也见不着！"（沈从文《长河》）

(3)"的确""确实"

上文中我们提到"的确""确实"可以做强调标记，用于对言语主体所要陈述的内容进行确认、强调，但它们也可以用在对别人的话语进行回应，表示肯定、认同。比如下面例句中的用法：

(221)"谈什么？是咱们俩的事呢，还是别人的什么事？"我先这样轻薄地问她。
"吴迪的事。"
"噢，吴迪，我认识她，而且不是通过你认识的。"
"<u>的确</u>，"她平淡地说，"我也没有你这样的朋友可以介绍给她。"（王朔《一半是火焰一半是海水》）
(222)"看着好感触。一辈子这么短能持续地喜欢一个歌手，是多么好的一件事啊。希望以后能去听他的演唱会和心爱的人。"
"<u>确实</u>，一辈子那么短，喜欢一个人那么久不容易。"（BCC 对话语料）

另外，"是这样（的）""是这么回事"可以做肯定标记，也可以做解释标记，我们将在解释标记部分一并讨论。

第二节　否定标记

否定标记与肯定标记相对应，是指在言语交际过程中言语主体在对对方所说内容表达不认同或否定态度时所使用的言语行为标记。作为回应标记中的一类，它在回应性言语行为中对言语主体意图的表达起着强化作用。

否定标记包括：得、得了、得了吧、得了吧你、你得了、看（瞧）你说的、哪儿的话、哪里的话、哪儿呀、什么呀、拉倒吧（你）、拜托、真是。

1. 典型案例分析
"得了"类标记
此类标记包括："得""得了""得了吧""得了吧你""你得了"等。
关于"得""得了"和"得了吧"的研究很多。孟琮（1986）认为口语里的"得"可以表懊丧、遗憾、惋惜、无可奈何、请求、制止、幸灾乐祸、高兴及表中性的结论，"得了"可以表无可奈何、高兴及表中性的结论，但我们认为其中的一些意义并不是"得"或"得了"本身所具有的意义，只是它们所在语境所表达的意义，"得"和"得了"的语义和功能需要进一步的分析与提炼。温锁林（2008）认为"得了"的核心功能是了断性的制止，常表达"厌烦、不满"等情绪。管志斌（2012）认为作为话语标记的"得了"具有衔接话轮和切换话题的语篇功能。李萌（2016）认为"得了/得了吧"的语用功能是表达否定制止的功能、语篇组织的功能和语境顺应的功能。渠默熙（2016）认为"得了"具有评价功能，可以表达说话人或作者对事件的情感、态度，还具有表建议的情态义，另外可以表命令、许诺和安慰。

我们通过分析文献和语料，认为"得"可以用在一般性的陈述话语中，表示高兴、愉快的正面情绪，如："得，又赚了一百块！"也可以表示中性的意义，没有明显的肯定或否定语气，如："得，你替我跑一趟吧，我实在分不开身了。"也可以用在回应性的话语中，通常表否定、制止，如"我还是跳栏柜出去吧！""得，程爷，您别跳栏柜了，您走这边吧！开旁门！"（以上几例为孟琮文章中的例句）

"得了"在回应性的话语中常表示否定，如：

（223）大庄也生气了，说："得了，别拿我老婆说事了，我知道你维护自己在你老婆心里的破形象。"（电视剧《金婚》）

而"得了吧"具有明显的否定、不满的语气，如：

（224）"学习是你自己的事情，我们做父母的怎么帮得上忙？""得了吧，靠自己得累到猴年马月。你们孩子又不多，干吗对我像阶级敌人一样？"（六六《蜗居》）

因此，我们认为在回应性话语中表达否定方面，从"得""得了"到"得了吧"，否定的语气愈加明显。

以下是更多"得了"在不同语境中使用的例子。

（225）"在我印象里，这好像是第一次，我女儿娄红一个人安静地坐在阳台上，沐浴着阳光，冥想着自己的未来。"娄父故意转了几

句。"得了,爸,平时这地方老让你和我妈占着,我没机会啊。"(皮皮《比如女人》)

(226) 仁仁要激烈反驳,却突然丧失了兴致。她用英文低声说:"得了,爱说什么说什么吧。"(严歌苓《花儿与少年》)

(227) 三人领旨下殿,来到了新布置的御膳房,县官赶紧就跪下了:"谢谢两位老太爷的救命之恩。""得了,甭谢了,拿钱买作料去吧!"(《中国传统相声大全》)

(228) 拉特勒就给赫格伦眨眨眼,暗示他不要再说了,随后对克莱德低声耳语说:"得了,伙计,别生气嘛。你也知道,我们只不过是开开玩笑罢了。"克莱德因为很喜欢拉特勒,心一下子就软下来,后悔太傻,泄露了自己的真实看法。(西奥多·德莱塞《美国悲剧》)

例(225)中女儿对父亲的表述有不同的看法,然后讲述了自己的理由,"得了"有否定的意思,也有无奈的意思,父亲说是第一次见自己安静地坐在阳台上,但自己以前不是不想,而是没机会。例(226)中的"得了"有无奈的情绪,也有做决定的意思,用"得了"表示不管对方说什么,自己没有兴趣了。例(227)中的"得了"有制止义,要对方不要在那里道谢了,建议赶快拿钱买作料去。例(228)中用"得了"来劝说对方不要继续生气,"得了"有不再计较的意思。这几个例子只表明"得了"在不同的语境中具有不同的意义和功能。

相对于"得了"的多功能性,"得了吧"和"得了吧你"的功能就有限得多,它们在话语中主要具有否定的功能。如例(229)中"得了吧"标示出拉拉对陈丰说法的不同意和不以为然。例(230)中"得了吧"除了有否定对方观点之外,还有挖苦的意思,强化了自己的不同观点。

(229) 陈丰说:"我那是尊重你。因为你聪明,我想多听听你的意见。"拉拉不信:"得了吧,是因为我傻,对吧?"(李可《杜拉拉升职记》)

(230) "怎么会没用呢?可以引起一场力学革命呢!""得了吧,你还是先革一革你自己的命吧。你看你的那些同学,都毕业几年了,哪一个不是拿了绿卡,买了房子买新车?就你那德行,你还臭美

呢！……"（白帆《那方方的博士帽》）

"得了吧你"比"得了吧"在表述时带有更多的对对方的不认同的、不满或不耐烦的情绪。比如例（231）就体现了说话人对宋思明建议的强烈不认同，认为宋思明的想法根本行不通。例（232）除了体现否定的语气以外，还表现出一种不满和不耐烦的情绪。

　　（231）宋思明想了想说："妈妈那里，我去跟她说。她会同意的。""得了吧你，你把哪儿都当你管辖范围啊？我是她女儿，我连个丈夫都没有，连个名分都没有，她要是会接受你，就奇怪了。"（六六《蜗居》）

　　（232）"她是你什么人？郭海萍？""她不是我什么人。""得了吧你！跟我来这套。你不说是吧？"（六六《蜗居》）

2. 其他否定标记分析
（1）"看（瞧）你说的"

关于"看（瞧）你说的"，李治平（2011）认为它在语用上有话轮转接、话题处理、指示一段话的开始、指示说话人的态度等功能，在指示说话人的态度上有反驳对方观点或责怪对方言辞不当两种。

通过对语料的分析，我们认为"看（瞧）你说的"做回应标记时有反驳或责怪等负面、否定的意义，表示言语主体不同意对方所说的内容，或对方所说内容超出了言语主体的预期，从而做出否定性的回应。它一般出现在新的话轮开头，用来对交谈对方的话语做出回应，后面引出言语主体不同于交谈对方的观点。它在言语行为中的功能主要是与交谈对方进行互动，表明态度，否定对方所说的内容，引出自己的不同于对方的观点，在不同的语境里它所表达的否定意义的程度会有不同。它可以从话语中省略，不会影响言语主体意图的表达，只是使用这一标记之后，可以明确言语主体的态度，强化言语主体不同于对方的观点。举例如下：

　　（233）这天，她对立人说："立人，我对不起你，至今没有生一男半女。"孙立人笑了："看你说的，有没有孩子，这有什么关系呢！"（《作家文摘》1995A）

(234) 门德利有点担心，慌忙叫住要走的谢廖沙。"保尔和克利姆卡是什么人？靠得住吗？"谢廖沙很有把握地点点头，说："<u>看你说的</u>，当然靠得住。他们都是我的好朋友。保尔的哥哥是个钳工。""啊，原来是阿尔焦姆，"门德利这才放了心。（尼古拉·奥斯特洛夫斯基《钢铁是怎样炼成的》）

(235) 海萍看着妹妹打开抽屉数钞票，难过得眼泪又掉下来了："海藻，姐姐没用，还要让你为姐姐背债。""<u>瞧你说的</u>。姐，你是我姐姐啊！人为什么要有亲人，不就是为了互相照顾吗？以前都是你照顾我，现在也该我照顾你了，你先拿着。"（六六《蜗居》）

(236) "这位先生，我看你有帝王之相呀。"他冷不丁说道。"<u>瞧你说的</u>，一个苦苦修行的人和帝王有何相干啊。"我回答他。（玛哈公主《图拜与苏丽娅》）

例（233）中，夫人为没能生养子女而道歉，之后孙立人安慰夫人，"看你说的"是对前面夫人所说内容的不认同，认为没有生儿育女也没有什么关系，不用自责，此处的"看你说的"虽是对对方话语的否定，但在此语境下没有责怪的意思，相反它传递出言语主体对对方的体贴和关怀，具有安抚对方的功能。例（234）中的"看你说的"做回应标记，强调言语主体的态度，认为对方没有必要怀疑。例（235）中的"瞧你说的"在话语中具有否定的意义，姐姐在自责，妹妹告诉姐姐不用自责，"瞧你说的"就是对姐姐自责的否定，它没有责怪的意思，而是体现出对姐姐的关心。例（236）中的"瞧你说的"传递出言语主体对对方观点的不认同。它们都可以在话语中省略，不会影响言语主体意图的表达，但使用之后可以更好地表达言语主体的意图。

(2) "哪儿的话""哪里的话"

"哪儿的话"这一类的表达在使用中已经失去了它们本身的语义，意义已经引申为对对方话语的否定，进而对对方话语进行纠正，在某些语境下有对对方所说内容不以为然或不满的意义。它一般不会单独使用，而是引出对对方所说内容的纠正，当然在话语中也可以不使用"哪儿的话"，直接发表与对方不同的看法，"哪儿的话"只是强化了言语主体对对方话语否定的语气，对话语的命题意义并没有影响。举例如下：

（237）"我看对她不宜要求过高，"我冒昧地说，"你不能重温旧梦的。""不能重温旧梦？"他大不以为然地喊道，"哪儿的话，我当然能够！"（菲茨杰拉德《了不起的盖茨比》）

（238）孙小姐瞧他的神情，强笑道："你尽管去，我又不生什么大病——赵先生，我真抱歉——"辛楣道："哪里的话！今天我是虚邀，等你身体恢复了，过天好好的请你。"（钱锺书《围城》）

例（237）中的"哪儿的话"用来表达言语主体对对方说他不能重温旧梦的不赞同和不以为然，之后就紧跟着阐述自己的立场——"我当然能够"。"哪儿的话"用于对不认同的观点进行回应，然后阐述自己的观点。例（238）中，辛楣针对孙小姐的道歉说"哪里的话"来表达他觉得孙小姐不用道歉的意思，强调对方本来就没有道歉的必要，从而维护了对方的面子，这也是一种表达礼貌的用法。

(3)"哪儿呀""什么呀"

"哪儿呀"和"什么呀"有自己的概念义，即询问方位或事物，可以构成独立的言语行为。我们这里所讨论的是它们作为回应标记时的意义及用法。在对话中，它们可以用于对对方话语的回应，表示言语主体不同意对方所说的内容，或对对方所说的内容不屑一顾，并且很多时候后面紧跟对对方话语的纠正。"哪儿呀"强调言语主体认为对方说的内容与事实不符或观点不对，表达出对对方所说内容否定的语气，而"什么呀"的否定语气比"哪儿呀"强烈，不但表明言语主体不同意对方所说内容，而且有鄙夷和不屑一顾的语气，是一种不太礼貌的表达方式。二者一般都不独立使用，而是后接表达言语主体不同于对方观点的内容，它们在言语行为中做否定标记，强化言语行为的否定语气。举例如下：

（239）于观笑着转脸对杨重说："你们就在这儿耗了一上午？没进去看电影？"

"看了，《奥比多斯驴在行动》。"

"外国片？"

"哪儿呀，国产片，你不知道现在国产片都起洋名儿？"（王朔《顽主》）

（240）陈丰看着拉拉笑道："行呀，三言两语就把人家说得目瞪口呆。"

拉拉晃了晃脑袋说:"什么呀,那不叫目瞪口呆,叫心服口服。"(李可《杜拉拉升职记》)

例(239)中于观从电影名字上判断他们看的是外国片,杨重使用"哪儿呀"表示否定,并对于观所说的内容进行纠正。如果不使用这一标记,直接进行纠正性陈述,告诉对方是国产片,也不影响言语行为的完成和意图的表达,但"哪儿呀"更能体现出言语主体间的互动。例(240)中的"什么呀"具有同样的功能,即对对方话语的否定,但由于对话中的参与人是熟人,所以"什么呀"的否定语气并不十分强烈,没有不屑的语气,也不会显得突兀和不礼貌,相反会显示出两人关系的亲近,但如果交谈双方的关系不好,或双方地位、身份悬殊,或者说"什么呀"的一方在生气,那么,"什么呀"所表达的否定语气会相应地更加强烈,可能会传递出不屑或鄙夷的语气,也就是说,"什么呀"作为言语行为标记所表达的语义受交谈双方关系的远近和具体语境的影响。

(4)"拉倒吧(你)"

"拉倒吧"和"拉倒吧你"用于对对方观点或建议的回应,认为对方所说不可行,具有否定的意思。如例(241)中言语主体通过"拉倒吧"表示对对方的决定不认可,例(242)中,"拉倒吧你"中的"你"更有针对性,体现出言语主体对于对方观点的否定、不认可。

(241)"没办法,只好委屈这几匹哑巴牲口,上县里走一趟了。"老寿并没有泄气,倒反更来了劲,干脆脱了褂子,单穿一件粗夏布的背心,跳上车又要走了。这时候那三个跟来的老头打退堂鼓了,说:"拉倒吧!老寿,咱几个上县里去算是哪门子呀!"(茹志鹃《剪辑错了的故事》)

(242)众凡人哈哈大笑,泼酒人不笑,正色又说:真是仙真是仙,这酒不是让他收了?没见地上没落水印?别人又笑:拉倒吧你,那酒都让你泼到庙顶上去了,好酒劲呀你!(CCL网络语料)

(5)"拜托"

目前,还没有把"拜托"看作话语标记或语用标记的研究。宋士侠

(2014)认为"拜托"有否定意义,蕴含了不耐烦、责备、戏谑和嘲讽等负面感情色彩。"拜托"最初是敬辞,有委托别人为自己办事情的意思。在实际的语言使用中,"拜托"在一些语境中失去了托人办事的意思,逐渐发展为具有话语功能的词,言语主体不同意对方的观点时,用"拜托"来表示他(她)的不认同或否定。例如:

(243)杨澜:你对自己最不满意的是什么?黄秋生:没钱。杨澜:没钱。<u>拜托</u>,你现在还说自己没钱。(《杨澜对话热点人物:杨澜访谈录Ⅱ》)

(244)徐:"你既然知道是我,怎又撞将上来。"刘:"<u>拜托</u>,是您并线不打灯的,而且你现在半个屁股还在线外边呢?"(CCL网络语料)

例(243)中,黄秋生作为知名演员应该不会缺钱,但他还说自己没钱,杨澜对这一说法表示不同意,"拜托"这一言语行为标记就传递出了这种不同意。例(244)中,刘使用"拜托"表示自己觉得对方说的没道理,是对方不遵守交通规则才导致撞车的,"拜托"体现了这种否定和不满的情绪。

(6)"真是"

上文讨论到,"真是"可以作为情感宣示标记,表达感叹或责怪、不满等负面情绪,也可用于回应性话语当中表达对交谈对方话语内容的肯定、认同,同时,它也可以作为回应性言语行为标记表达否定的意义。如:

(245)谢清斋叹了口气说:"你哭了半天,还不知道谁死了呢!我不是要她结婚,我是要她去……"
"要她去勾人,是不?"
"<u>真是</u>!干吗要说得这么难听!"(魏巍《东方》)

(246)吕建国就苦笑说:"老齐,不是我这人犯贱,他手里不是有咱们一千多万的合同吗?"
贺玉梅也赔笑:"就是,老齐,就找找你的那个老同学吧。"
齐志远摇头道:"<u>真是</u>,我不想为这件破事去求人。不够丢人的

呢。"（谈歌《大厂》）

上面两例中，"真是"都用于表达言语主体对交谈对方所说话语内容的否定和不认同，含有责怪的意思。

第三节 修正标记

修正标记一般被认为是用来表示不认同上文或对方的说法，并在后面引出修正语的情态标记，主要特征为：句法独立，主要用于对话语篇，出现在后一个话轮之首，用于说话人修正自己的话语内容或在对话中不同意对方的观点，后面发表自己的看法或者后面以提问的方式提出希望对方说什么。（李宗江，2019）

我们此处讨论的修正标记不包括对自己话语内容进行修正的部分，只针对言语主体在言语交际过程中不同意或不赞成对方的话语内容，对对方话语进行修正时所使用的言语行为标记。修正标记一般具有否定意义，首先对对方话语内容进行否定，然后后面跟随对对方话语的修正内容。因此，前面提到的一些否定标记同时也可以看作修正标记，比如：看（瞧）你说的、哪儿的话、哪里的话、哪儿呀、什么呀、拉倒吧（你）、拜托等，这里我们不再重复举例分析。

其他的修正标记包括：不是、话不能这样说、话不是这样说的、好吧、好吗、好不好。不同类别的修正标记用法差异很大，句法上不一定都是独立的，它们可以用在回应性话语的开头或结尾位置。

1. 典型案例分析

"不是"

关于"不是"，刘丽艳（2005）认为"不是"作为话语标记的核心义是"标异性"，标示着说话人在话语交际过程中交际状态或认知倾向上的前后不一致，其主要功能是反应功能（应答和反馈）。殷树林（2011）认为话语标记"不是"的功能是标示说话人所接受的信息与自己的认知状态有偏差。

我们通过对语料的分析认为用于回应性言语行为的言语行为标记"不是"的主要功能是表达对对方话语内容的不认同，进而引出对对方话语的修正内容。它一般出现在应答话轮的开头，与之后的修正性话语有时间上的间隔、停顿，但不是对对方话语的单纯否定，而是为了引出修正性话语，所以它一般不作为回应语单独使用。例句如下：

（247）主持人：岩松，你听过这个说法没有，在大城市里生活也是要遵从物竞天择的法则的，你既然在这个城市生存不下去，就说明你没这个本事，那干脆你就走好了？

白岩松：<u>不是</u>，在这个城市里也有很多人，他没有给这个城市做很多贡献，他在其他地方纳税，但是在这儿用高价购买了一切城市的福利，这就公平吗？另外，在所有人的面前，该不该提倡一种公平呢？你比如说刚刚毕业几年的人，和到这个城市已经工作了几年，我都有固定的工作单位，都已经签了相关的合同了，但是却由于这些户籍所带来的门槛，让我没法在这个城市继续生活下去，我觉得这里首先蕴藏着一种巨大的不公平。第二，并不是他们没有竞争能力，而是他们的竞争能力正在显现的过程中，这个门槛一下子就把他们的竞争能力压制住了。（中央电视台《新闻1+1》2010年6月4日）

（248）主持人：现在我们再说到一个比较宏观的话题，说到这个手机用户有7亿，那么手机上网这一块这个产业给新一年，也就是2010年的中国经济会带来怎样一些新的动力呢？

俞永福：好，我可以先做一个大胆的预测，2010年中国的手机用户增长到底有多少，我的预测是不少于一个亿。

主持人：也就是说也许会增长到8亿。

俞永福：<u>不是</u>，从今年2个亿的手机上网用户来算。

主持人：哦，上网的人数。（中央电视台《今日观察》2010年2月9日）

例（247）中，作为回应标记的"不是"首先是对主持人所提说法的否定或不认可，之后给出自己不认可的理由，"不是"在其中的功能是标记并引出对对方所提供观点进行否定并修正的言语行为。例（248）中的"不是"同样是对主持人话语的反应，主持人误解了嘉宾所说的数字，嘉宾用具有否定意义的"不是"来进行回应，进一步引出对主持人话语的修正。在以上例子中，"不是"作为修正标记可以促进言语交际双方的互动,更好地表达言语主体的意图,但它是可选择性的,即话语中不使用"不是"不会影响言语主体话语意义的表达。

2. 其他修正标记分析

(1)"话不能这样说""话不是这样说的"

"话不能这样说""话不是这样说的"用于对对方所说内容的不认同,它们在话语中可以独立使用,实施对对方话语内容进行否定的言语行为,但通常情况下,它们是作为言语行为标记,引出对对方话语的修正性言语行为,此时它们可以被认为是修正标记。举例如下:

(249)他又说:"玫瑰,我不喜欢它。它虽然好看,却没有一点用处。我想写一篇童话《玫瑰与桑树》,就是发挥这个意思,说玫瑰对人毫无益处,反不及桑树,桑树的用处倒多。"

"话不能这样说,至于用处一层也不能够讲得这样狭隘。不过我也不喜欢玫瑰,我嫌它太娇艳了。我喜欢菊花。人说菊花傲霜开,我就喜欢这傲霜开三个字。还有梅花我也很喜欢。我的祖父咏梅花的诗有独抱幽情淡冬雪,更怀高格傲春花,又有不妨清冷洗繁华的句子,这正合我的意思。"(巴金《雾雨电》)

(250)当天晚上,呼天成吩咐人搞了一些小菜,打了一瓶茅台酒,两人边喝边聊。董教授心里实在是有些惭愧,那头就再也昂不起来了,话说得也没有底气,他说:"老呼啊,你看,这这这没搞成……对不住你了。"

呼天成说:"董教授,话不能这样说,你能来呼家堡,这就已经很够意思了。日子还长着呢,来,我敬你一杯。"(李佩甫《羊的门》)

(251)我说:"母亲,我们出钱雇的用人,你又何必同她客气呢?"

母亲默然半晌道:"话不是这样说的,上海找用人难,假使她一旦赌气走了,你的事情这样忙,我又帮不了你,这可是怎么好呢?"(苏青《归宿》)

(252)张阿六爽朗地道:"咱是交你才宝哥这个朋友,银子提他作甚?"

张才宝正色道:"话不是这样说的,没遇上你六哥,我五百两也赚不到，咱们就这么一言为定。"

两人兴高采烈，喝完酒，张阿六起身会账，但张才宝抢着会了。（东方玉《九转箫》）

"话不能这样说""话不是这样说的"作为修正标记，一般出现在新的话轮的开头位置，如例（249）（251）（252），但也可以用在对对方的称呼语或表达语气的词之后，如例（250）中的用法。

（2）"好吧""好吗""好不好"

"好吧""好吗""好不好"作为修正标记的用法比较特殊，不同于这些结构本身通常的用法，即用在问句的结尾以征询对方的观点或态度，如"我们明天去公园好吧（好吗）（好不好）？"作为修正标记，它们在言语行为中并不用来征询对方的观点或态度，而是帮助言语主体表达对对方的话语内容的不认同并对之进行修正。

同时，它们也不同于其他修正标记如"不是""什么呀""话不能这样说"等的用法，这些修正标记一般用在应答话轮的开头位置，且句法独立，在表达时与意图性话语之间有间隔，而"好吧""好吗""好不好"作为修正标记用在言语主体所说话语的末尾，且句法不独立，必须依附于直接表达意图的话语，即言语主体的修正性话语，用来表达对交谈对方话语的不赞同和对其的修正，它们多是年轻人用于与自己关系比较亲密或相互比较熟悉的人之间的交谈。如下例所示：

(253)"支持乐视，冬天来了，春天还会远吗？"
"冬天才刚刚开始好吧。"（BCC 对话语料）
(254)"你为什么这么闲？"
"我很忙的好吧。"（BCC 对话语料）
(255)"你滴微笑最迷人了。"
"呵呵不是微笑好吗。"（BCC 对话语料）
(256)"难得发个围脖啊！"
"呵呵，我天天发好吗。"（BCC 对话语料）
(257)"蹲马路扫雪的是环卫工人，做车里和办公室睡觉的是城管，别替城管洗白。"
"你半夜出去转转，半夜桥上撒盐的只有一个城管部门，要只坐坐办公室，估计你家都给小广告淹没了。"

"那是环卫和市政好不好。"（BCC 对话语料）

(258) "最近超贤慧啊。"

"我一直这么贤惠好不好。"（BCC 对话语料）

第四节　解释标记

解释标记是当言语互动另一方对言语主体所说的内容不清楚，或者言语主体认为对方不清楚时，言语主体用来对自己的言说内容进行进一步解释以达到让对方理解从而能够顺利进行交际的目的的言语行为标记。这些标记都是在对对方话语回应过程中，进一步解释自己之前所述内容时使用，属于回应标记的范畴。

解释标记包括：是这样（的）、是这么回事、我是说、我的意思是（说）、这么说吧、就是说。

1. 典型案例分析

"是这样（的）""是这么回事"

"是这样（的）""是这么回事"有对事物进行澄清、解释的意义，李宗江、艾贵金（2016）指出"是这么回事"是"释因"类语用标记，功能在于解释原因。

我们利用 CCL 语料库检索系统对"是这样的"进行检索，因为我们主要检索它作为回应标记的语例，所以检索时在它前面加引号，后面加逗号，最后共得到 51 条结果，通过对语料的分析，我们发现"是这样的"做回应标记时可以表达两种功能，一种是用于澄清、解释，另一种是对对方话语的肯定、确认，另外还有一个用法不是用于回应，而是言语主体用来引出话题，具有语篇功能。具体功能所占比例如表 5 所示：

表 5　言语行为标记"是这样的"的功能分布

标记＼功能	澄清、解释	肯定、确认	引出话题
数量	36	8	7
占比	70.6%	15.7%	13.7%

"是这样的"可以做表达肯定、确认的回应性标记，对对方的话语进行回应，表达言语主体对对方所说内容的肯定、确认。此时，"是这样的"是言语主体实现言语行为意图的支持性手段，一般不会独立使用。如果言语主体的回应里只出现"是这样的"，那么它就是回应性言语行为本身，而不是言语行为标记，此时，言语主体的意图就是表达肯定、确认，而不是实施进一步的言语行为。例（259）和例（260）中，"是这样的"就是做回应性标记，表达对对方话语的肯定、确认。

（259）"我是照他的话说的，一个字也没改。如果侯爵愿意直言相告的话，他一定会承认，我所讲的这些和他六个月前去见陛下求他恩准和他女儿的婚事时陛下对他讲的话完全一致。"

"<u>是这样的</u>，"侯爵回答说，"他说的是实情。"（大仲马《基度山伯爵》）

（260）"修水电站最困难的是建坝，投资也多。建成之后，维修管理的费用就低了。"

巴西工程师点头说："<u>是这样的</u>，现在的维修费用只及投资成本1/10。"（《人民日报》1993 年 11 月）

另外，"是这样的"可以做具有语篇支持功能的言语行为标记，用于引出话题。比如例（261）和例（262）中，"是这样的"不是用在回应性话语中，而是用在话轮的开头，引出言语主体想要表达的内容，具有语篇功能。

（261）于是只好点点头，表示同意，然后站起来打算离去。忽然，杨佩盈叫住了我，道："<u>是这样的</u>，今天下午六点，我约好了础楼在美国会所喝下午茶，如果你喜欢，就请一道来，多交一个朋友。"（梁凤仪《弄雪》）

（262）在士兵们正在欢呼雀跃的时候，库图佐夫在坐骑上俯下身子，低下了头，他的眼睛里闪烁出一种温情的又仿佛是一种讥讽的亮光来。"<u>是这样的</u>，弟兄们，"当欢呼声一停下来时，他说……（列夫·托尔斯泰《战争与和平》）

但"是这样的"使用最多的功能是对别人不明白或误解的事物进行解释、澄清，一般用在回应性的话语中，做回应标记。如下面的例子：

（263）夏惜真是个眉精眼企的人，立即问："还有未解决的问题？"

那冯太先行干笑几声，大概是为掩饰窘态，才答："<u>是这样的</u>，霍太只把衣服拿走，并没有签信用卡或填写支票。"（梁凤仪《弄雪》）

（264）拉拉一听也马上竖起了耳朵，嘴里说："是吗？"

老猎解释说："<u>是这样的</u>，刚才陈杰给我来了一个电话，他说 SH 打算 OFFER 你，他们内部还有些流程要走，不过，估计问题不大，过几天应该就会有确切的通知过来了。所以我马上给你打这个电话。"拉拉听出来，老猎的口气中竟然有一些讨好的意思。（李可《杜拉拉升职记》）

（265）王科长擦着汗道："我再催催，只是今晚就要一级战备，里面已禁止民用车通行了。我写了个报告，你签个字，就好派军车去拉了。"

高军谊说："什么报告？"

王科长掏出一张纸说："<u>是这样的</u>，上次油库不是着火了吗？报告上说为了防止这类事故，把油存到附近两个地方加油站。你日期可别签错了。"（柳建伟《突出重围》）

以上例子中的"是这样的"针对对方话语中所表达的疑问或不理解的地方进行解释，它后面的部分才是解释的内容，是言语行为的意图性部分，"是这样的"是对意图性部分起人际支持作用的标记性成分。

"是这样"和"是这么回事"做回应标记时具有同样的功能和用法，如下面两例所示：

（266）海萍又怒又疑惑地看着苏淳："你什么意思，你把装修的钱都借了？"

"呃……呃……<u>是这样</u>，我给我妈打电话，那边妈妈很为难。你也知道家里的情况，父母本来就不宽裕，还要供养舅舅，我作为儿

子,一点没有帮到家里,还问家里要钱,我觉得……"(六六《蜗居》)

(267)甲:"对,对。大爷您圣明,我是又姓王,又姓李。"

乙:有这么姓的吗?

甲:"<u>是这么回事</u>,原来我姓李,过继给老王家了,一子两不绝,我是两个姓,又姓王又姓李。"(《中国传统相声大全》)

2. 其他解释标记分析

(1)"我是说""我的意思是(说)"

"我是说"和"我的意思是(说)"都可以用于对自己的话语进行解释。用作回应标记时一般出现在话语的起始位置,表示因为别人误解了自己之前的话,或者自己觉得别人没有理解自己之前的话,言语主体会进一步对自己想要表达的意思进行解释和补充。如例(268),顾棋所说的杀是棋盘里的厮杀,但傅红雪不理解,所以顾棋进行了进一步的解释,对自己的话进行了解释,"我的意思是说"就是用于解释的言语行为标记。例(269)中由于窦文涛有疑问,所以吴淡如针对窦文涛的问题对自己之前所表达的内容进行了进一步的说明,这里,"我是说"强调后面的内容是一种解释,它用作解释性回应标记。

(268)顾棋道:"这就要看了,看你是要杀我的中盘,还是要杀我的右角的那条大龙?看你拿的是白子,还是黑子?"傅红雪不懂,他不下棋。有闲暇的人才下棋,他有闲暇时只拔刀。所以顾棋只好自己笑:"<u>我的意思是说</u>,你不能杀我,只能杀我的棋,因为我只会下棋,何况这局棋本是你们下的,你根本连我的棋都杀不了。"(古龙《天涯·明月·刀》)

(269)(主持人和嘉宾谈到关于整形和整形的电影)

吴淡如:其实我是持反对意见的。

窦文涛:对谁持反对意见?

吴淡如:<u>我是说</u>,对这个电影的,一个胖的女人可以整形成那样,我很多朋友是整形医师,其实她们说,觉得说整形,如果你真的是一个丑女,可以不丑,胖女可以不胖,但是没办法真正变瘦。(凤凰卫视《锵锵三人行》2008年1月2日)

但有时候言语主体不是回应对方的话语，而是本人在叙述过程中，认为自己在某些方面阐述得没有那么清楚，需要进一步澄清、解释以使对方听明白，从而主动地对自己之前的话语进行补充、解释，它虽然不是回应标记，但是澄清、解释标记。所以，我们说澄清、解释标记有两种，一种是自我叙述性澄清、解释标记，另外一种是回应性澄清、解释标记。比如例（270），言语主体在叙述自己的观点，在叙述过程中由于担心自己说得不够明白，别人理解起来可能会有一些困难，所以对前面的内容进行解释，"我的意思是说"就是自我叙述性解释标记。

（270）我觉得这悲哀能够成立，只有在一个前提下面，就是说两个有因果关系。<u>我的意思是说</u>，因为我们不能去检察，在媒体检察高官所以只能检察明星八卦，而我们把那些对于高官不好的事情的愤怒，放在八卦上。（凤凰卫视《锵锵三人行》2010年5月20日）

(2)"这么说吧"

关于"这么说吧"，曹爽（2014）认为"这么说吧"是话语标记，具有解释功能；张芳、肖任飞（2016）认为"这么说吧"是话语标记，体现了说话人元认知监控调节的过程中想解释、明示的行为意向。

通过对语料的分析，我们也认为"这么说吧"具有解释功能，可以用作回应标记。当言语主体认为对方没有理解自己的话语或理解可能有难度时，会使用"这么说吧"引出对自己所要表达内容的解释。当它用于言语主体自我陈述时，一般是言语主体对自己之前的表述不满意，想换一种更易懂的说法把事情说清楚，这时，它可以成为解释标记，但不是回应标记。我们要讨论的情形是，在会话中，当对方不清楚或不理解言语主体所讲的内容时，言语主体使用"这么说吧"对自己的话语进行解释，此时，"这么说吧"就是回应性解释标记，用来标记后面的解释性言语行为。例句如下：

（271）告别前我问他，他发明的这些加热类导电混凝土制品是否已经开始批量生产了。他长叹了一口气说："很遗憾，还没有投入生产。没法子，税太重，生产不了。""怎么个重法？""<u>这么说吧</u>，你有毛利100卢布，国家收走92个，你只能得8个。"（CCL 1994年报

刊精选 10)

(272)"别提了。总算受完了洋罪。一共谈了三个月——吹了。"她厌烦地说。"为什么?"他问。她费劲地想着一个比喻,"<u>这么说吧</u>:和他坐在一间屋子里,屋里就像有两个女人。不,一个女人,一个唠叨老婆子!"(张承志《黑骏马》)

例(271)中,言语主体针对对方的问题(税有多重)使用举例的方式进行解释,"这么说吧"表明后面的内容是言语主体所做的解释,它在言语行为中的功能是标记之后的言语行为是解释性言语行为。例(272)中,言语主体同样是以比喻来解释她和恋爱对象吹了的原因,"这么说吧"用来引出后面的解释性言语行为,让听话人更容易理解她的话语。

(3)"就是说"

"就是说"在话语中表示换一种能更让人容易理解的方式来表述,让话语更易于理解和接受。它可以用在对话中,当别人听不懂或不理解时,言语主体对自己之前的话进行解释,如例(273),这时它是回应标记,是针对别人的疑问进行回应的标记,是解释性的回应标记。

另外,在言语主体个人的叙述中觉得自己的表述不够清楚、详细,有必要进行进一步解释、说明时,也可以用"就是说",这时,它是单纯的解释标记,而不是回应标记。

还有一种情况,言语主体对对方的话语意涵进行推测,此时"就是说"是一种回应标记,是对对方话语意义进行推测的回应标记,但不表示解释,如例(274)。

(273)见她很笃定,他越发有点急了:"现在福佑是资不抵债……""啥资不资?"她听不懂。夏世富站起来,走到她面前,微笑地解释道:"<u>就是说</u>,福佑欠人家的债超过自己的资产,把福佑都抵给人家也还不清债务。"(周而复《上海的早晨》)

(274)孟祥青:"元首热线"的层级更高了,更带有国家决策层面的含义。

主持人:<u>就是说</u>不光要有象征意义,关键是要解决实际问题。(深圳电视台《22度观察》2010年6月13日)

第五节 小结

本章讨论了"人际支持性"言语行为标记的第二种类型：回应标记。回应标记是言语主体用来对言语交际对象的话语内容进行回应，表明自己的态度，以帮助实现自己交际意图的言语行为标记。言语主体在与他人进行言语互动时，会针对对方的话语做出有目的的回应，在此过程中，回应标记可以表达言语主体的态度，增强言语主体话语的互动性，使言语主体的意图能够得到更好的传达。在对已有研究进行总结、对言语交际过程中可能出现的回应性言语行为类型进行假设、参考互动语言学的研究成果并对所收集语料进行分析的基础上，我们把回应标记分为肯定标记、否定标记、修正标记和解释标记。回应标记的具体结构如图 9 所示：

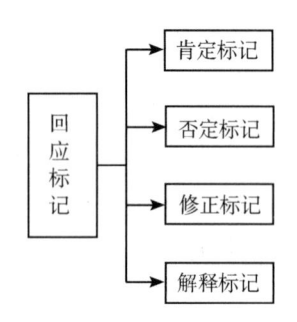

图 9　回应标记的总体分类

回应标记的具体分类如表 6 所示：

表 6　　　　　　　　　　回应标记的具体分类

总类	分类	标记
回应标记	肯定标记	可不（是）、就是、真是、的确、确实、是这样（的）、是这么回事
	否定标记	得、得了、得了吧、得了吧你、你得了、看（瞧）你说的、哪儿的话、哪里的话、哪儿呀、什么呀、拉倒吧（你）、拜托、真是
	修正标记	看（瞧）你说的、哪儿的话、哪里的话、哪儿呀、什么呀、拉倒吧（你）、拜托、不是、话不能这样说、话不是这样说的、好吧、好吗、好不好
	解释标记	是这样（的）、是这么回事、我是说、我的意思是（说）、这么说吧、就是说

第六章

求应标记

求应标记是言语主体在言语互动中用来寻求言语交际对象语言上的回应或行为上的反应以实现自己交际意图的言语行为标记。它可以标记言语主体所要实施什么样的言语行为，但并不是所要实施的言语行为本身，不表达意图性话语的命题内容，它的主要功能是促使对方对言语主体的话语进行回应，起到互动作用，有利于更好地实施意图性言语行为。

此类标记通常包含"你""我"等指示交际双方的人称代词，或以附加问句的形式出现，体现出很强的互动性。作为言语行为标记，它们对意图性言语子行为话语部分的命题意义没有贡献，但可以促使言语交际对象对自己的话语进行回应或做出反应，从而实现言语主体的交际意图。它们大多在话语中用在起始位置，可以省略，但省略后会使言语行为的互动性受到影响，从而影响言语主体交际意图的实现。它们具有自己的概念义，但在话语中更多使用程序义，以发挥它们在实现意图性言语子行为过程中的支持性功能。

通过对已有研究的回顾，我们发现学界对"不瞒你说""不是我说你""我告诉你""你知道""你不知道""你说""你想"等求应标记进行过研究，我们对这些研究中讨论到的求应标记的功能进行了总结，主要包括：表达真诚、拉近距离、缓和语气、维护面子、提请注意、求同与提示等。王蕊（2013）对具有互动功能的言语行为标记做过系统的研究，她把寻求回应标记分为请求关注和请求认同两类。我们认为寻求回应标记不仅具有请求关注和请求认同两种功能，言语主体寻求的可能标的物应该包括对方的注意、观点、情感认同和行为上的回应。

因此，在对已有研究进行总结、对言语主体寻求的可能标的物进行假设和对所收集语料进行分析的基础上，我们从寻求言语交际对象的注意、观点、情感和行为四个角度把求应标记分为四类：寻求注意标记、寻求观点标记、寻求情感认同标记和寻求行为回应标记，如图 10 所示。

```
                    ┌─── 寻求注意标记
                    │
        求应 ───────┼─── 寻求观点标记
        标记        │
                    ├─── 寻求情感认同标记
                    │
                    └─── 寻求行为回应标记
```

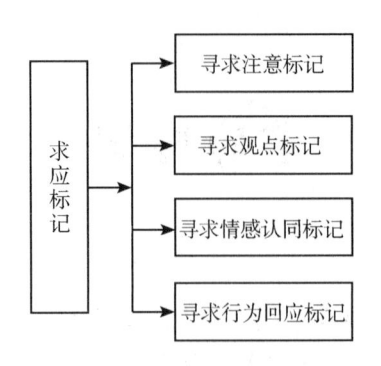

图 10 求应标记的基本结构

在构建求应标记功能类别的基础上，通过分析此类下属具体标记的语义参数，根据它们的主要功能把它们分别归到寻求注意标记、寻求观点标记、寻求情感认同标记和寻求行为回应标记。

具体结果如下：

寻求注意标记包括：我跟你讲（说）、我告诉你、我说、你猜怎么着、（你）要知道；

寻求观点标记包括：你说、你说说、你说说看、依你看、在你看来；

寻求情感认同标记包括：（你）方便的话、（如果）（你）不介意的话、（如果）（要是）你愿意的话、（如果）可以的话、不瞒你说、不是我批评你、不是我说你、从内心来讲、大家知道、斗胆说一句、对吧、对不、对不对、讲老实话、冒昧地说一句、你比方说、你比如说、你譬如说、你想、你想想、你想想看、你像、你知道、平心而论、凭良心说、实不相瞒、是吧、是不、是不是、恕我直言、说句良心话、说句实话、说句实在话、说句心里话、说句真心话、说实话、说实在的、说（讲）真的、我们讲、我们说、我们知道、有句话不知当讲不当讲；

寻求行为回应标记包括：告诉你、你看（看）你、你瞧（瞧）你、你说（说）你、我把丑话说在前面、我把丑话说在前头、我把话搁这儿、我把话撂在这里、我把话说前面、我把话说前头、我告诉你、我可告诉你、要不这样、咱可把话说在前头、这么的、这么的吧、这么着、这么着吧、这么着得了、这样、这样吧。

第一节　寻求注意标记

寻求注意标记（提醒标记）是言语主体在言语互动中寻求别人注意或关注时所使用的言语行为标记。因为是寻求对方的注意，涉及说话人和听话人，所以这些标记中通常会使用言语主体"我"和言语的接收方"你"，以及一些跟表达和接受相关的动词如"说、看、听"等和表认识、理解的动词如"知道、明白"等。寻求关注标记包括：我告诉你、我跟你说、我跟你讲、我说、我问你、你猜怎么着、（你）要知道等。

1. 典型案例分析

"我跟你讲（说）"

陈丽君（2010）认为"我给你说"（"我跟你说"）可以表达命令、警告、关心、确信、疑惑等语气或情态，构建了人际关系，体现主观互动性。权彤、于国栋（2014）从"知识优先"的角度考察了"我跟你讲"的功能，认为"我跟你讲"在强调信息功能的同时，体现了说话人强调自己相对于听话人来讲对所描述对象更加了解，更加拥有直接体验和优先知识。

我们利用CCL语料库检索系统对"我跟你讲"和"我跟你说"进行检索，因为它们做言语行为标记通常是以独立成分的形式出现，所以我们在搜索时在它们后面加上逗号。通过搜索，我们分别得到45条和160条结果，把重复的和不是言语行为标记的语料排除，最后分别得到41条和154条结果。通过对语料的分析，我们发现"我跟你讲"和"我跟你说"总体上有提醒对方注意言语主体所讲内容的功能，但在不同语境里它们所传达的意义会存在差异，可以传达强调、劝说、解释、感叹、命令、威胁等不同的意义。举例如下：

（275）为什么假人多，告诉你原因，他本身弱者嘛。他不敢强。我跟你讲，我现在这么凶悍，因为我有很多条件。（《李敖对话录》）

（276）我跟你讲，凭我的判断，在李文彬这个问题上，梁必达是清白的，张普景也是清白的。（电视剧《历史的天空》）

（277）我跟你说，我们并不是抛弃他们三位老人家，而是要证明

一些事情给他们看！（琼瑶《烟锁重楼》）

（278）女儿啊，我跟你讲，这家人心不好。你难道看不出来，北方人，特别自私，把女人都当家里的东西一样，不晓得宝贝的。（六六《双面胶》）

（279）我跟你说，姐，回家去，忘掉钟文樵，你该开始一段新生活，再恋爱，再结婚！（琼瑶《聚散两依依》）

（280）我跟你说，我特别不喜欢搞突然袭击，但是不是我们要他来，他自己坚持要来他就来了。（凤凰卫视《鲁豫有约》）

（281）东方闻音恍然大悟："噢，你说的是这档子事啊。梁大牙同志，我跟你讲，那不是开小会，那是开党的会呢。你不是党员，当然不能参加。"（电视剧《历史的天空》）

（282）这个小姐很棘手，买两件大衣眼都不眨，试都不试的！我跟你讲，现在真的是人不可貌相。哪怕来个巴子，你都要小心对待的！（六六《蜗居》）

（283）你是什么意思，想杀人灭口吗？我跟你讲，回去就给我制订营救方案。救出李文彬同志，让他证明你的清白。救不出李文彬，就看你自己说了，我恐怕你浑身是嘴也很难说得清楚。（电视剧《历史的天空》）

（284）老四，我跟你说，你马上把你这个蜗居给退掉，你跟我住到台北去，我宁愿买辆汽车给你上课下课用，不能让你在这儿堕落毁灭！（琼瑶《雁儿在林梢》）

（285）窦玉泉严肃地说："这不是开玩笑，这是挽救同志。朱预道同志，我跟你说，你同意得同意，不同意也得同意。我们反正是下台干部了，赤脚的不怕穿鞋的，你要是不同意，我也能把你拉下来，大家一起当反革命算球了。"（电视剧《历史的天空》）

以上例子中的"我跟你讲""我跟你说"都有提请对方注意言语主体话语内容的功能，在言语行为中做提醒标记，但它们在具体语境中又获得新的不同的意义。例（275）—（277）中，"我跟你讲""我跟你说"表达强调的语气，言语主体用来使对方注意自己的讲话内容。例（278）（279）中则有劝说的语气，言语主体希望自己的意见得到对方的认同。例（280）（281）中的"我跟你讲""我跟你说"则引出言语主体对已经发生的事情或对方不明白的地方所进行的解释。例（282）中的"我跟你讲"除了有提醒功能之外，还表达出言语主体对所发生事情的感叹的语气。例（283）和例（284）中的"我跟你讲""我跟你说"则带有命令的意义，引出言语主体对对方的要求。例（285）中的"我跟你说"除具有提醒功能之外，还表达出威胁的语气，强化言语主体的态度，促使对方做出回应。

2. 其他寻求注意标记（提醒标记）分析
（1）"我告诉你"

"我告诉你"涉及言语交际的双方"我"和"你"以及言说动词"告诉"，是言语主体向听话人的主动表达，希望向对方传递信息，或获取对方的注意。董秀芳（2010）认为"我告诉你"具有提供重要信息、郑重告知、重申某一重要信息、发出某种指令、提出警告和提醒听话人注意某一事实等功能。

通过对语料的分析，我们认为"我告诉你"的核心功能是提请对方注意，在具体的语境中可以发展出强调、警告、威胁、命令、发泄不满等不同的功能，而且这些功能跟交际双方的身份地位、亲疏关系、使用场合密切相关。

首先，跟双方的身份地位有关。"我告诉你"一般用于说话人比听话人的地位高或者二者地位相当的情况下。当说话人地位较高时，这一标记一般表达威胁、警告、命令、强调、提请注意等功能，当双方地位相当时主要体现出强调和提请注意的功能。从相反的角度讲，地位相对较低的交际方一般不会使用这一标记来提请对方注意或表达其他意图，而是使用较为礼貌的用语。但是，一旦地位较低的交际方使用这一标记对地位较高的一方进行表达时，就意味着会产生它们常规意义之外的意义，比如不惜破坏人际关系来表达不满、愤怒等情绪等。

其次，跟双方的亲疏关系有关。"我告诉你"一般用于双方关系相对比较密切的情况下，当双方是陌生人或者关系比较疏远时一般不会使用这一标记，一旦使用这一标记就会产生其他意义，具有新的功能，比如威胁、警告等。另外，实现这些功能时，关系的亲疏优先于地位的高下，即这一标记具有什么功能首先要看双方的个人关系怎样，然后再考虑双方地位如何。比如双方身份地位有很大差距，但个人关系比较好，这样的话，地位不同时的语用功能就不再适用，而关系亲疏时的语用功能就会优先实现。

再次，与使用场合密切相关。它们一般用在非正式的场合，交际双方说话比较随意。在正式的场合使用这一标记可能会表达出比较严肃的态度，如强调、警告等。如下面的例句：

(286) 不是我李敖说的，我告诉你，蒋介石的全集，蒋介石自己都没有看过。(《李敖对话录》)

(287) 李敖：坐牢那么好坐吗？我告诉你，牢有一百种，那是人间最坏的地方。(《李敖对话录》)

(288) 海萍无力地指指脑袋，Mark用拇指按住她的太阳穴，轻轻揉。"我告诉你，人在紧张的时候，你会发现上下牙齿之间的距离会很短，很紧凑。我经常觉得应该撬掉一排牙齿，这样才不会把舌头咬得很疼。"说完，吐了一下舌头给Mark看。Mark搂着她的肩膀，安慰地拍拍。(六六《蜗居》)

(289) 我告诉你，孩子，如果你仍然执迷不悟，如果你真要经什么商的话，那么，我就没有你这个儿子了！(窦应泰《李嘉诚家族传》)

(290) 见母亲脸色发青，她不仅没有口软，反而一字一句道："我告诉你，捐髓和社会良知毫无关系。再说，骨髓是我的，请你不要替我做主。"(张欣《今生有约》)

(291) 李寻欢的心已绞住了，他整个人都似已变成了一堆泥，正在被人用力践踏着，过了很久，他才沉重地叹了口气，道："我告诉你，你可以怀疑任何人，但绝不能怀疑你的母亲，她绝对没有丝毫能被人怀疑之处，现在你快带着你的酒走吧。"(古龙《小李飞刀》)

(292) 你怎么知道他心里没受你的伤害？我告诉你，从你们结婚前，你就在伤害他，没有比妒嫉更能伤害一个男人了！(严歌苓《一个女人的史诗》)

(293) 王贵我告诉你，今天你不解释清楚这发票哪里来的，你就滚出去不要回来了。(六六《王贵与安娜》)

(294) 有你那个烟钱省下来，我们也不必天天吃面条了！我告诉你，你马上给我戒掉！我不想再看到你糟蹋钱！(六六《蜗居》)

(295) 曹振德气得脸色发白，"孙俊英！我告诉你，骗得人一时，

纸里却包不住火。你这样破坏，要倒霉的！"（冯德英《迎春花》）

以上例句总体上都有提请对方注意的功能。例（286）和例（287）中，言语主体与交谈对象是被采访者与采访者的关系，双方地位是平等的，"我告诉你"作为言语行为标记的功能是提醒，让对方关注言语主体所说内容。例（288）中交谈双方关系比较亲密，"我告诉你"也是被言语主体用来提请对方关注自己的表述内容。例（289）是父亲对儿子说的话，双方的地位在某种程度上是不平等的，"我告诉你"在话语中具有上对下的警告功能。例（290）是女儿对母亲说的话，可以认为双方是下对上的关系，一般情况下是不用"我告诉你"这样的表达的，此处使用它就表达出言语主体对对方的不满和对自己要做事情的决心。例（291）和（292）中的"我告诉你"具有强调功能，言语主体用来让对方重视自己所讲内容。例（293）中，"我告诉你"具有威胁功能，例（294）用来对对方进行命令，而例（295）则用来发泄言语主体对对方的不满情绪。

（2）"我说"

"我说"由言语主体"我"和言说动词"说"构成，言语主体表达过程本来就是"我说"的过程，为什么还要突出"我说"呢？这就跟言语主体的表达意图有关。从直观的意义上理解，"我说"就是为了突出"我"，强调"说"，提请对方注意到言语主体所说内容。

刘钦（2008）认为"我说"具有很强的主观化。曹秀玲（2010）认为"我说"具有推断、劝慰说服和醒悟夸耀等功能。通过对语料的分析，我们认为"我说"的基本功能是提请对方关注，其他功能则是在具体语境中产生和实现的。例如：

（296）一次，有名领导拿着请同乡吃饭花的 400 多元钱的发票找他签字报销，齐希才看着发票，脸就阴沉下来。"我说，我们旅通过那个财务规定时，你也举手了吧?!""……，是……""那么你觉得这个发票能报吗？"（《人民日报》1993 年 1 月）

（297）晚上，躺在床上，夫妻俩各怀心事。"我说，要不，咱们俩离婚吧！我带着孩子。我想，你舍不得的，不过是那些钱，我们一人一半。"老婆突然说。（六六《蜗居》）

（298）沉闷，窒息，一个个哭丧着脸。终于，有人憋不住，说话了，像死寂的树林里突然传出一声鸟鸣。"我说，咱们是大家大口，应该大方点儿，雇几个吹鼓手，吹吹打打，排排场场地把老奶奶送走。"（CCL 网络语料）

例（296）中的"我说"具有责备的意思，言语主体对对方拿个人开销报账感到不悦，这里的"我说"具有表达责备、不满的功能。例（297）中的"我说"则具有建议、提议的功能，用"我说"引起对方注意，然后和对方商量问题。例（298）中的"我说"也有提议的意思，但根据语境，我们觉得它还有表达不满情绪的功能，因为说话人认为老奶奶的丧事应该办得排排场场的，但是大家都不出头不发表意见，所以这里的"我说"有表达不满情绪的功能。

(3)"你猜怎么着"

"你猜怎么着"的字面意义是让人猜一下发生了什么，在会话中言语主体并不是真的要让对方做出猜测，而是用这一表达提请对方关注并对所谈问题进行思考。言语主体使用"你猜怎么着"时会有某种预设，就是所谈事情的发展可能出人意料，对方可能会想不到，这样就给对方一个在某种程度上超出常规的预期，然后言语主体再给出答案，这样就创造出一种惊喜或者强调的效果。举例如下：

（299）我以前有辆汽车，你猜怎么着，上、下班不如骑自行车快，后来就把它卖了。（CCL 1994 年报刊精选 03）

（300）你知道现在的孩子心眼有多坏吗？两眼就认得钱！我万万不该把那三千五百块钱优抚金分给那帮子白眼狼，你猜怎么着，看我身上没有油了，全都不稀罕我了。（CCL 网络语料）

例（299）中，"你猜怎么着"只提到了话题，给人的预期是开放性的，对方不知道言语主体接下来会说什么，这里，"你猜怎么着"有提请对方注意的功能，让对方注意听他后面所讲的内容。例（300）前半部分是铺垫性陈述，后半部分是对结果的描述，言语行为标记"你猜怎么着"用于引起对方对后面所说内容的关注。

(4)"（你）要知道"

"要知道"是"需要知道""有必要知道"的意思，"（你）要知道"

的字面意思是说话人觉得对方需要知道之后所要表述的内容，但在实际使用中，它们通常用来提醒对方关注言语主体所要表达的命题信息，具有提请注意和强调的功能。"你要知道"比"要知道"更具有针对性，针对交谈对方"你"，提请对方注意言语主体所说内容。比如例（301），"你要知道"具有强调和引起对方注意的功能，言语主体解释自己重视高质量的内容，但也认为良好的商业运作也是同样重要的，"你要知道"用来强调自己的观点，引起对方的关注和理解。例（302）中，意图性言语行为是劝导对方"帮助人们达到一种完美的境地"，"你要知道"的作用是强调这一意图，让对方关注并接受自己的劝导。

（301）乔治·格林：哦，那是当然，但<u>你要知道</u>，我是做企业的，我不是说我不关心内容的品质——我曾经是《纽约客》的管理层，我热爱高质量的内容。但是，没有良好的商业运作，内容出众的杂志也无法取得成功，两者必须兼备。（《卓越媒体的成功之道：对话美国顶尖杂志总编》）

（302）然而，他却温和地说："你的文章写得不错。但<u>你要知道</u>，做什么事情都不容易，生活也是如此。一个聪明和老练的人，应该帮助人们来达到一种完美的境地，而不是使用你的才干去行诋毁之事。"（CCL 网络语料）

"要知道"和"你要知道"意思基本相同，但交际对方"你"没有出现，没有那么强的针对性，但也有提请注意和强调的功能，如例（303）和例（304）。

（303）至今，阿南史代和我们回忆当时听老人几小时几小时侃周围历史的情景还兴奋不已："<u>要知道</u>，如果不把他们所说的记录下来，将来的孩子可能连身边的历史也不知道。"（CCL 网络语料）

（304）与我们共同秘藏金钟的两位普通劳动者——我的工友徐祥和陈亦侯的汽车司机杨兰波，才是真正不为金钱所动的好汉！<u>要知道</u>，他们只要打个电话，写封信，就可以成为百万富翁！（CCL 网络语料）

第二节　寻求观点标记

寻求观点标记是言语主体用来向言语交际对象寻求观点、想法，提请对方对自己提出的问题进行回应的言语行为标记，一般由言语交际的另一参与方"你"和"说""看"等词构成。征询标记包括：你说、你说说、你说说看、依你看、在你看来等。

1. 典型案例分析

"你说"

关于"你说"，鲜丽霞（2012）认为"你说"具有交互主观性和连贯的功能，盛继艳（2013）认为"你说"的核心语用功能是提请关注并认同。

我们利用CCL语料库检索系统对"你说"进行检索，在检索结果中筛选出"你说"可以做言语行为标记的语料116条，然后对"你说"在不同语境中的功能进行分析。分析结果显示："你说"在不同的语境中可以具有寻求观点、寻求情感认同、感慨和责问功能，根据对现有语料分析得出的各功能占比情况如表7所示：

表7　　　　　言语行为标记"你说"的功能分布

标记＼功能	寻求观点	寻求情感认同	感慨	责问
数量	46	32	26	12
占比	39.7%	27.6%	22.4%	10.3%

从表7可以看到，寻求观点功能是"你说"做言语行为标记的主要功能，其次是寻求情感认同功能、感慨功能和责问功能。具体例子如下：

（305）小贝看看海藻又问："海藻，你说，我喝热的还是喝冰的？"

海藻说："热的。我点冰的了。"（六六《蜗居》）

（306）甲：你说，真相被毁了。我们怎么办？

乙：记忆、记录。不要着急拿出结论。（《分裂的真相——关于钱云会案的对话》）

(307) 对了，你不说，我都忘记了这是他的房子。你说，他会不会不肯啊？（六六《蜗居》）

(308) 宋建平把头摇得货郎鼓一般：这次不一样，肖莉，你不了解情况。这次不是一句话的问题，这次是一个原则问题：你说，我凭什么非要按照她的安排她的设计去走，我为什么就不能有我自己的爱好我自己的人生追求？（电视剧《中国式离婚》）

(309) 徐帅，你说，他们怎么能这么整我呢？到现在我也不知道他们为什么整我。（CCL 1994 年报刊精选 05）

(310) 当家人的身份，身份不高，下人看不起，你说的话他左耳进右耳出，七姐，你说，这个家我怎么当？（高阳《红顶商人胡雪岩》）

(311) 你说，跟你们谈深一点儿的学问，你们又不懂，谈点儿浅的吧，你们又瞎白话了。（《中国传统相声大全》）

(312) 这就是女人家，你说，又要游山，又怕吃苦。（高行健《灵山》）

(313) 哎，这也可说是一种社会现象，儿子管老子不敢管，管不住；孙子管爷爷常常就很灵光。你说，这老爷子就是听孙子的，你有啥法子呢。（张佐良《周恩来的最后十年》）

(314) 苏淳真生气了，一面掐了烟塞回烟盒，一面说："海萍你讲不讲理？每次你做错事情都把气撒在我头上。你说，你做什么事情我不都顺着你？我要求过你什么吗？"（六六《蜗居》）

(315) 许经理更火了，直气得两额暴出了青筋，一巴掌拍在桌子上："你说，你除了漂亮，还有什么特长？还能做什么事？"（《青年文摘·人物版》2003 年）

(316) 江水山震怒了，霍地站起来，"我妈叫我去向蒋殿人赔礼，权当她人老糊涂；可你——党支书，又叫我去向落后分子检讨！你说，一个共产党员，怎么能去向顽固家伙赔不是！党支书，你怎么说得出口啦？"（冯德英《迎春花》）

例（305）—（307）中，"你说"的主要功能是寻求观点，言语主体用来寻求对方对事物的看法，可以增加互动性，后面一般跟言语主体向对方所进行的提问，可以从话语中去掉，不会影响言语主体意图的表达。例

（308）—（310）中，"你说"用来寻求对方在情感上的认同，理解言语主体的观点或态度，可以从话语中去掉而不会影响言语主体意图的表达，但会减弱言语行为的互动性。例（311）—（313）中的"你说"用来表达言语主体对所谈论事物无可奈何的感慨语气。例（314）—（316）中的"你说"则带有言语主体的责问的语气，帮助表达言语主体对对方的不满。

2. 其他寻求观点标记分析

言语行为标记"你说说""你说说看""依你看""在你看来"同样具有寻求观点功能，用来寻求对方对所谈论事物的看法，增加话语的互动性，有助于更好地实现言语主体的意图。它们在话语中可以省略，不会影响言语主体意图的表达。举例如下：

（317）娟子见她不肯应，又说："做这事当然有危险，可是到底会生出法子来。你说说他藏在哪儿？""他藏在睡觉屋子的保险柜里。"（冯德英《苦菜花》）

（318）黄国栋抬起头来，把下巴朝拉拉努了努，问道："拉拉，那你说说，怎么提高员工的参与度？"（李可《杜拉拉升职记》）

（319）他若有所思，沉默了好一会，他说："你说说看他的主人是谁？"（朱邦复《东尼！东尼！》）

（320）他无言了，又过了一会，他说："你说说看，还有什么是永恒的？"（朱邦复《东尼！东尼！》）

（321）在你看来，欧盟提出对华关系报告的基本思路是什么？（《人民日报》1995年7月）

（322）在你看来，"男女平等"今天还有什么更现实的内涵？（《人民日报》1995年9月）

（323）依你看，我们该怎么办？同他告辞，好吗？（西奥多·德莱塞《美国悲剧》）

（324）依你看，我该怎么办呢？你知不知道我能吃些什么药？（西奥多·德莱塞《美国悲剧》）

例（317）—（320）中的"你说说"和"你说说看"用来征询对方的意见，可以增加话语的参与度和言语行为的互动性。另外，"依……

看"和"在……看来"是框式结构,中间部分可以填上不同的人称代词,具有不同的话语意义和功能。当中间部分用"你"的时候就有明显的征求对方意见的功能。如例(321)—(324)所示,言语行为标记"在你看来""依你看"的主要功能是帮助征询对方的观点,可以增加交际双方的互动性,促使对方对言语主体的问题进行回应。

第三节 寻求情感认同标记

"寻求情感认同标记"是言语主体用来获得言语交际对象的情感认同,使其更乐于接受自己的话语,从而顺利实现交际意图的言语行为标记,这类标记能体现出言语交际的互动性。通过对语料的分析,按照言语主体寻求情感认同的不同方式,我们把寻求情感认同标记进一步分为拉近距离标记和维护面子标记,如图11所示。

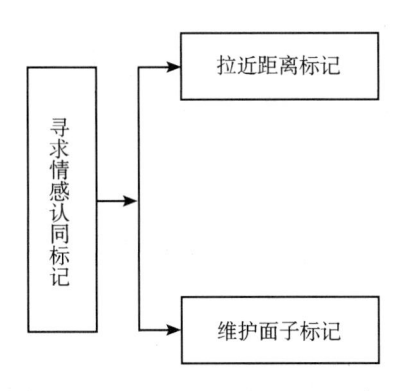

图11 寻求情感认同标记的分类

一 拉近距离标记

此类言语行为标记可以用来拉近言语主体与听话人之间的情感距离,让听话人更容易接受言语主体所表达的内容,从而实现言语主体的交际意图。拉近距离标记包括含有言语交际双方人称代词的表达式,如:你知道、你想、你想想、你想想看、我们说、我们讲、我们知道、大家知道、你比方说、你比如说、你譬如说、你像;具有与对方商量语气的表达式,如:对吧、对不、对不对、是吧、是不、是不是;以及表达言语主体真诚态度的表达式,如:不瞒你说、实不相瞒、说实在的、说实话、说句实

话、说句实在话、讲老实话、说真的、说句心里话、说句真心话、说句良心话、凭良心说、平心而论、从内心来讲等。

1. 典型案例分析

"你知道"

关于"你知道"，刘丽艳（2006）认为"你知道"通过把某背景信息假设为听说双方共同拥有并接收的信息，从而调动对方积极性，使之赞同并接受自己的观点来实现听说互动。宋秀平（2011）认为"你知道"的人际功能是为听话人营造一个真实或虚拟的背景信息。单谊（2014）认为"你知道"的功能有认知语境构建、心理情态强示和关联推理明示。殷树林、殷璐璐（2017）认为"你知道"的功能有表示受话人了解事实或道理以及人际互动。

我们利用CCL语料库检索系统对"你知道"进行检索，在检索结果中筛选出"你知道"可以做言语行为标记的语料134条。通过对语料的分析，我们发现在134条语料中，所有的"你知道"都有与对方互动，拉近与对方的情感距离，争取对方认同的功能。但"你知道"在不同语境中的意义主要有两种：对方真知道和对方不一定知道，在134条语料中，对方不一定知道的有113条，对方真知道的有21条。两种情况中，"你知道"都做拉近情感距离标记，都可以从话语中省略而不会影响话语的命题意义和言语行为意图的表达。举例如下：

（325）《百家讲坛》嘉宾：这个病原体发现是非常重要了，因为你知道，疾病是由这个病原体引起了，然后你去针对把这个病原体杀死，这个病就治好了。（韩启德《百家讲坛：现代医学回顾与展望》）

（326）巴菲特：我喜欢美国西部，我喜欢伯林顿公司拥有的数千英里铁路。你知道，如果国家前途暗淡，那铁路也没什么前途可谈了。（《沃伦·巴菲特和比尔·盖茨的对话》）

（327）王杰：因为工作完到很晚的时候，已经饿过头，反胃，常常回家就吐，你知道，一吃了一点东西就反胃会吐出来，你现在明白为什么那个时候的女生，不愿意做我女朋友。（凤凰卫视《鲁豫有约》）

（328）曹氏长久沉默着，突然说：大爷，二爷喜欢读书不假，可

是你知道，他骨子里并不喜欢科举，更不喜欢做官。(电视剧《乔家大院》)

（329）简佳说：但你的爱我远远没有超过爱你的财产。他激动得为自己分辩说：不是财产，是事业！我做事业也是为了你！我刚开了七个分公司，你知道，各方面正是用钱的时候。倘若这时候离婚，理论上是分走了一半的财产，实际上等于是抽干了我全部的流动资金，所有公司会因此瘫痪！(电视剧《新结婚时代》)

（330）许三多：我只是尽力不被人笑话。你知道，我拍马赶不上你的，你们的那种荣誉感，我从来也没有。我努力，刚开始为了班长留下，你知道，一件蠢事，后来，生挺，坚持，不知道为了什么坚持。(电视剧《士兵突击》)

例（325）中，嘉宾所面对的观众对专业医学知识并不一定了解，但嘉宾在谈到专业医学知识时仍然使用"你知道"，此处"你知道"的功能就是用来拉近与观众的情感距离，从而促进与观众的互动。例（326）中，"你知道"后面的内容是言语主体自身的观点和认识，对方并不一定这样认为，言语主体使用"你知道"也是为了拉近与对方的情感距离，促进言语交际的顺利进行。例（327）中，言语主体在谈论自己的经历，对方并不一定了解，"你知道"的功能就是拉近与对方的情感距离，获得对方的认同。例（328）—（330）中的情形则不一样，由于交谈双方对彼此的情况非常了解，"你知道"所针对的内容确实是对方知道的，所以，这三个例子中的"你知道"指的是对方确实知道，但它们仍然是言语行为标记，用来争取对方的同情或情感认同，使自己的话语更好地被对方所接受。

总之，"你知道"做言语行为标记时，对方或许知道，或许并不知道言语主体所说内容，言语主体使用"你知道"创造一种好像是双方共有的认识基础，从而可以拉近与对方的情感距离。

2. 其他拉近距离标记分析
(1) "你想""你想想""你想想看"

关于"你想"，张德岁（2009）认为"你想"的主要语用功能是求同与提示，同时在语篇中为听话人提供语境支持，凸显其后的短语或从句。通过分析语料，我们有相似的看法，认为"你想"在言语行为中的主要功能是拉近与对方的距离，寻求对方的情感认同。

"你想""你想想""你想想看"的字面意义是建议对方对所谈论问题进行思考，之后一般紧跟言语主体的陈述，让对方顺着自己的思路，站在自己的立场以参与者的角色来看问题。它们在言语行为中的基本功能是索取对方的情感认同，从而更好地理解和接受言语主体的观点。它们在话语中有自身的概念意义，即让对方思考，但在言语交际中，这种概念意义已经淡化，更多的是使用它们的程序性意义，即引起对方的注意，凸显接下来所说的内容。举例如下：

（331）甲："我有个预感，你姐姐肯定有别的男人了！"

乙："别胡说，我姐姐不是这种人！"

甲："真的，不骗你！<u>你想</u>，她自从有了那个教老外的工作以后，好像再没为钱发愁过。又住新房子又买衣服的，我怀疑……"（六六《蜗居》）

（332）詹瑜忙跳下车一把揪住贵武："好小子！这么多日子，你跑哪儿去了？啊！"贵武："我躲了，<u>你想想</u>，王爷要知道是我，还不把我宰啦！"（电视剧《大宅门》）

（333）国民党的悲哀是在美丽岛事件以后，耍老套没用了。<u>你想想看</u>，有我李敖这样的人出来，这是多么好的榜样？这人坐了两次牢，受了这么多打击，居然他还不怕。（《李敖对话录》）

例（331）中，甲为了让乙相信自己所说的话，提供了支持自己观点的"证据"，而"你想"的作用是寻求对方的认同，让对方相信自己所提供的证据。例（332）中，"你想想"有让对方思考的概念义，想让对方顺着自己的思路来看问题，从而理解并接受自己提供的理由。例（333）中，"你想想看"中的"看"有尝试义，"你想想看"意思是"你试着想想"，拉近与对方的情感距离，让听话人思考并接受自己所说的内容。这几个标记在言语行为中可以省去，不会影响言语行为意图的表达，但会缺少它们可以引起对方思考的互动功能，对言语行为意图的表达效果会有一定影响。

（2）"我们说""我们讲""我们知道""大家知道"

复数"我们"不仅仅代表说话人"我"，它更体现出一个群体的视角，所以"我们说""我们讲"就可以削弱"我"所体现的主观性，从而给人一种更客观的印象。另外，"我们""大家"会让听话人感觉自己也被包含在内，所以可以更容易拉近言语主体与听话人之间的情感距离，获得认同，从而接受言语主体的话语内容，让言语主体更好地实现交际意图。具体例子如下：

（334）古希腊从这儿开始，就引出了原子论，到现在，仍然是物理学最前沿。所以<u>我们说</u>，哲学是科学之母。(《梁冬对话王东岳文字版》)

（335）其次<u>我们讲</u>，中国历来有民以食为天的传统，我们始终比较重视粮食安全和粮食生产。(中央电视台《环球视线》2009年11月16日)

（336）因为我们是做媒体的，<u>我们知道</u>，如果断章取义的话，我完全可以把这一个人的全面的说法变成一个很片面的说法，甚至彻底扭转他说话的方向的。(北京人民广播电台《新闻天天谈》2010年8月17日)

（337）而且你基于是说我们中国居民普遍调查是缺乏什么什么，但是<u>大家知道</u>，现在的生活变化非常快，可能你调查的结果里面，是当时缺乏，但是很快这一年过去了，我们整个这种微量元素的变化也有可能有变化。(北京人民广播电台《新闻天天谈》2010年5月17日)

以上例子中的"我们说""我们讲""我们知道""大家知道"，听起来后面的话语内容好像是大家都知道或认可的内容，这让听话人从情感上更容易接受言语主体的言说内容。

（3）"你比方说""你比如说""你譬如说""你像"

这几个表达式都有举例的作用，但其中的"你"好像是多余的，没有"你"，这些表达式仍然可以用来举例。事实上，"你"在其中并不多余，它可以增加言语主体与言语交际对象之间的互动，李宗江(2018)认为"你"本身就是一个互动标记。"比方说""比如说"加了"你"之后就会产生拉近言语主体与听话人情感距离的效果。

天长(2002)认为"你比如说"有"提醒听话人注意、拉近交谈双方的心理距离的作用"。邓瑶（2011）认为"你比如说"兼具语篇组织和交际互动功能，用于语篇组织时可做举例标记、话题标记和假设标记，使用交际互动功能时做态度标记，体现发话人对听话人的关注，同时提请听话人对后续话语给予关注，实现交际互动。乐耀（2010）认为话语标记"你像"可以增加言谈的连贯性和交际的互动性。我们认为加了"你"的"比方说""比如说""譬如说""像"可以做言语行为标记，体现言语的互动性，拉近与交谈对方的距离，使言语主体的话语和言语行为意图更容易被对方所接受。举例如下：

（338）您看这劝架不光是语言会说就行，重要的是规律不能违反。你比方说女的过去劝，必须要偏向女的，男的劝，必须向着男的，不信把男女一掉个儿，不仅劝不好，倒给劝麻烦了。（《中国传统相声大全》）

（339）而任何一个具体问题，都会有上百个因素影响它。你比如说咱们烧这个茶杯，它要这个土料、泥料要好，然后呢师傅的工艺，做的师傅工艺要好，火候要好，这个釉彩也要好，它要有上百个因素影响它，这个杯子才能烧好。

（340）"是得珍惜。"老帽儿说，"要让人认出是骗子在明处那就没法骗了。你譬如说，谁见我都知道我是个骗子，我还骗谁去？一不留神还得让人骗了。"（王朔《一点正经没有》）

（341）这个蓝旗营里头呢，都是旗人，他是多数民族的，汉、满、蒙、回、藏都有。你像我母亲是蒙族，蒙古，我父亲哪又是满族，所以他那个也有回民，这个多少民族组成。（《1982年北京话调查资料》）

(4) "对吧""对不""对不对""是吧""是不""是不是"

李咸菊（2009）认为"是不是""是吧"可以作为一种礼貌策略，用来求得听话人对话语信息的认同，也可以用来对之前的旧信息进行肯定、确认，或提示、凸显之后的新信息，另外还具有语篇功能。

我们认为"对吧""对不""对不对""是吧""是不""是不是"可以用作言语行为标记，主要功能是求得对方对自己话语的认同，实现人际互动。这些短语一般用在句子结尾，以附加问句的形式出现，常用来表示确认，从听话人那里获取对事情的肯定。但在某些语境中，它们的疑问语气比较弱，不用于确认，也不要求对方做出回应，主要作用是获取对方的情感认同，使言语主体的表述内容更好地被听话人所接受，此时可以被认为是拉近距离标记。它们不影响话语的命题信息，所以可以从话语中省略，但省略之后话语的互动性会受到一定影响。举例如下：

（342）算了，都是过去的事了，你还年轻，前边的路还长着呢，<u>对吧</u>！对于你们单位，千万别怪怨他们，连他们也不知道究竟怎么回事。（冯骥才《一百个人的十年》）

（343）退一万万步说，咱们的领导们，坐的也都是轿车，<u>对不</u>，保护领导，义不容辞。（CCL 网络语料）

（344）因此我们必须讨论一下什么是事实，<u>对不对</u>？事实应该就是实际上正在发生的事。（《超越时空：20 世纪最卓越的两位心智大师的对话》）

（345）得得得，我也没说不吃，这不叶绿素、维生素，那和尚不都吃这个，长寿，他们想吃还没这个福气呢，<u>是吧</u>。（电视剧《金婚》）

（346）这两个月来，他天天上门来替我看病，而每来一次就索费五先令。这笔费用不小吧，<u>是不</u>？现在他每周来两次。（毛姆《人性的枷锁》）

（347）大道理我就不说了，总之，朋友之间要互相帮助共同进步，<u>是不是</u>？回去吧！（电视剧《金婚》）

例（342）—（347）中的这些标记表面看来是用于要求听话人确认，但它们没有确认的意思，因为它们并不要求回应，它们在话语中用于索取对方对言语主体话语和立场的认同。

（5）"不瞒你说""实不相瞒"

关于"不瞒你说"，钟玲、李治平（2012）认为其在语篇上有解说、释因和递进的功能，在人际方面，有加强交谈双方的亲密程度、拉近彼此的距离的功能。周明强（2013）认为"不瞒你说"主要是用来突出说话人所说话语的真实程度。于轩竹（2017）认为"不瞒你说"在语篇上有开启话轮、转移话题和衔接上下文的功能，在人际方面可以拉近说者与听者的关系，吸引听者注意力。通过对语料的分析，我们认为"不瞒你说"的主要功能是人际功能，向别人表明自己言说时的真诚，以拉近双方的距离，让对方相信自己，实现自己的交际意图。比如："不瞒你说，再过一个月公司恐怕就难以支撑了。"此处的"不瞒你说"让对方觉得言语主体是真诚的，说的内容是真实的，从而容易相信他。

"不瞒你说"强调言语主体在说话时的真诚性，它暗示言语主体不会有事情瞒着对方，这样表述就容易让对方觉得言语主体是真诚的，也就更容易接受他所说的内容。它在话语中一般以独立成分出现，可以省略，不影响命题意义的表达。如下面例子中的"不瞒你说""实不相瞒"体现了言语主体的真诚，让对方觉得言语主体把真实想法呈现给自己，从而更容易相信言语主体，认同言语主体所说内容。举例如下：

（348）许戈辉：对，大屏幕呢，电影呢，我觉得往往演员会把电影作为一个最高境界来追求，你渴望吗？

林永健：其实啊，不瞒你说，我最大的理想，就是将来能够做一个电影演员。（凤凰卫视《名人面对面》2012年4月2日）

（349）小唐，不瞒你说，情场上的事，我是一塌糊涂。（柳建伟《突出重围》）

（350）刘先生，实不相瞒，我有一个朋友喜爱写作，我想帮她把原稿印成册子，留作纪念。（亦舒《红尘》）

（351）实不相瞒，我只是个俗人，对于这类事情不十分在行，所懂得的祷告也有限得很。（乔万尼·薄伽丘《十日谈》）

(6)"实在话、真心话"类短语

"实在话、真心话"类短语包括：说实在的、说实话、说句实话、说句实在话、讲老实话、说真的、说句心里话、说句真心话、说句良心话、凭良心说、平心而论、从内心来讲等。

苏俊波（2014）认为"说真的"具有主观评价和差异标示功能，以及找回话题等语篇组织功能。通过对语料的分析，我们认为由"实在话、真心话"类短语构成的言语行为标记的核心功能是它们的人际功能。这一类标记是由言说动词和体现言语主体内心真诚的名词构成，传达言语主体言说时真诚、真挚的态度，它们在言语行为中的作用是拉近言语主体与对方的情感距离，获得对方对自己话语的认同。举例如下：

(352) 说实在的，这事儿办不好，我宁可不承办！我决不能跟着蹚浑水儿。(电视剧《大宅门》)

(353) 说实话，当事人并不是我的亲戚，如果是我的亲戚，我倒不好出面说话了。(六六《蜗居》)

(354) 我们这连长呢，说句实话，我刚当兵的时候看不惯我，在连队里管我挺严的。(凤凰卫视《鲁豫有约》)

(355) 刘思伽：从什么时候开始你觉得自己可以融入他们的文化当中？

高培生：说句实在话，自始至终我还没融入进去，日常的交流没问题，但是真正地说谈及文化、历史、娱乐这些话题的时候，还觉得比较欠缺。(北京人民广播电台《行家》2009年12月22日)

(356) 讲老实话，抛开制冰，我欣赏你在化学领域的那份钻研和聪明，可是你在做人上，你在对待老婆生孩子这件事上，我万分地恨你！(《女记者与大毒枭刘招华面对面》)

(357) 当时我正在巡逻，听到境外的枪炮声，说真的，我更害怕境外人员不清楚界线越境伤及群众，我相信把国旗插在国界线上，我们这边群众就安全了。(中央人民广播电台《新闻和报纸摘要》2012年10月28日)

(358) 我先谢谢七老爷赏饭！说句心里话，我办了这么多年药，数这趟最难，最险！这趟要没姨奶奶，我难崴泥！我甘拜下风！(电视剧《大宅门》)

(359) 不过，说句真心话，我相当欣赏那个不美的女孩。她的谈话风趣，性格善良。(村上春树《挪威的森林》)

(360) 咱们这社区领导，说句良心话，对我是照顾得真不错。(中央人民广播电台《新闻和报纸摘要》2011年8月5日)

(361) 主干道两旁的居民真是无法睡觉，但是我们大家都支持世博会，凭良心说，大家提出意见并不是很多。(上海广播电视台《东广早新闻》2010年1月28日)

(362) 而且平心而论，一座叫春的城市来说宜春的话，也谈不上什么唯丑或者多么丑恶，其实它里头有一点幽默。(北京人民广播电

台《新闻天天谈》2010 年 7 月 15 日）

（363）其实我<u>从内心来讲</u>，也想着脱离农村，离农村越远越好。（北京人民广播电台《行家》2009 年 6 月 12 日）

例（352）—（357）中，这些标记的概念义是强调言语主体所说内容是真实的，例（358）—（363）中的标记的概念义侧重于言语主体言说时的真挚之情，它们都传达出言语主体言说时的真诚态度，容易得到对方的认同，这对言语行为意图的实现可以起到支持作用。作为言语行为标记，它们可以省略，并不影响话语命题的意义和言语行为意图的传达。

另外，上文中讨论言说方式标记时提到的"老实讲"类、"坦白讲（说）"类、"公正地讲（说）"类评论标记因为涉及言语主体言说时真诚、公正的态度，也可以看作拉近距离标记，言语主体在使用这些标记时在某种程度上也有获取对方认同的目的。

二 维护面子标记

在言语交际中，言语主体会通过使用一些礼貌的表达方式来缓和语气，维护对方的面子，获得对方的情感认同，使对方更容易接受自己所表述的话语内容。

面子维护与礼貌行为密切相关。关于礼貌，利奇（Leech，1983、2014）提出了"得体准则"（Tact Maxim）或"礼貌原则/准则"（Politeness Principle）。"礼貌原则/准则"认为互动双方总体上倾向于表达礼貌的（有利于他人的）信念而不是不礼貌的（不利于他人的）信念。利奇提出了六条具体的"礼貌原则/准则"：（1）得体准则（Tact Maxim），把对方的代价降为最小；（2）慷慨准则（Generosity Maxim），把说话人的利益降为最小；（3）赞扬准则（Approbation Maxim），把对对方的贬损降为最小；（4）谦虚准则（Modesty Maxim），把对说话人的赞扬降为最小；（5）一致准则（Agreement Maxim），把双方的分歧降为最小；（6）同情准则（Sympathy Maxim），把双方的厌恶降为最小。这些准则都不是构成性的（constitutive），而是调节性的（regulative）。

布朗和莱文森（Brown & Levinson，1987）认为礼貌现象的可解读性（interpretability）来自于互动个体普遍的共有知识的假设，即人类是理性的，而且他们都有"面子"（face），面子是礼貌的核心概念。面子是"每一个社会成员都想为自己求得的在公众中的个人形象",它包括消极面子和积极面子,消极面子是对自己行为的自由和不被别人强加意志的自由的基本要求,积极面子是社会成员所要求的积极的、具有一致性的个人形象或个性(personality)(包括希望个人形象被人欣赏、赞同的愿望)。在言语互动中,人们会为了避免或减少对别人的面子威胁行为而选择合适的语言策略。当某人必须或希望实施面子威胁行为时,根据面子的威胁程度,有五种主要策略可供选择:(1)对于公开的对别人造成的面子威胁行为,不进行面子补救;(2)对于公开的对别人造成的面子威胁行为,实施积极的礼貌策略进行面子补救;(3)对于公开的对别人造成的面子威胁行为,实施消极的礼貌策略进行面子补救;(4)不公开实施对别人造成面子威胁的行为;(5)不实施行为,也就不存在对别人面子的威胁。布朗和莱文森又进一步提出了15条积极礼貌语言策略、10条消极礼貌语言策略和15条非公开面子威胁行为策略。在言语互动中,人们为了避免或减少对别人面子造成威胁的行为,会根据面子的威胁程度选择合适的语言策略。

我们发现,在言语交际中,言语主体可能会采取抬高对方或贬低自己的方式来维护对方的面子,使对方感觉到受尊重或者不至于使对方感觉受到冒犯,进而使之在感情上对自己的话语内容不排斥,甚至认同、接受,从而达到自己的言语交际意图。这些表达方式一般以独立成分在话语中出现,不构成话语的命题内容,不影响话语命题意义的表达,但可以获取听话人的好感和认同,易于使听话者接受言语主体所表达的内容,这些表达方式可以叫作维护面子标记或者叫作礼貌标记。维护面子标记包括言语主体贬低自己以抬高对方的表达式,如:恕我直言、有句话不知当讲不当讲、斗胆说一句、冒昧地说一句等,以及用来缓和言语主体言说时的语气,获得对方的情感认同的表达式,包括:不是我说你、不是我批评你、(如果)可以的话、(你)方便的话、(如果)(你)不介意的话、(如果)(要是)你愿意的话等。

1. 典型案例分析

"恕我直言"

"恕我直言"的意思是"宽恕、原谅我直言相告",它是一种对自我的故意贬低,因为自己即将说出一些坦率的话,而这些话可能会威胁到对方的面子,冒犯对方,而使对方不高兴或不乐意接受,所以请求对方宽恕、原谅自己。它表面上是一种道歉行为，而在实际的人际交往中，直言相告并不需要向对方道歉。所以，言语主体以放低自己姿态的方式来避免威胁对方的面子，争取对方对自己话语的认同。

我们利用 CCL 语料库检索系统对"恕我直言"进行检索，共检索到 63 条结果，删除一条重复项，最后得到 62 条结果。通过对结果的分析，我们发现"恕我直言"在这些句子里都可以做维护面子标记，对意图性言语子行为的实现起到人际支持作用，但它在不同语境中的具体用法存在差异，它后面可以引出不同的言语行为，如：评价、判断、建议、对现实的真实表述、对言语主体的直接提问。具体引出言语行为的分布及占比情况如表 8 所示：

表 8 　　言语行为标记"恕我直言"所引出言语行为的分布

标记＼引出内容	评价	判断	建议	对现实的真实表述	对言语主体的直接提问
数量	48	7	2	2	3
占比	77.4%	11.4%	3.2%	3.2%	4.8%

"恕我直言"一般用在言语主体的观点可能是对方不乐意接受的，或言语主体的话语可能冒犯对方的语境里，言语主体使用"恕我直言"来减少自己的话语给对方带来的面子损失，或缓和语气，以获得对方的情感认同，使自己的话语更容易被对方所接受。它在不同的语境里可以引出不同的话语内容，举例如下：

（364）恕我直言，在我到过的省会中，南昌算是不太好玩的一个。幸好它的郊外还有个青云谱。（余秋雨《青云谱随想》）

（365）恕我直言，迄今为止，整个社会讨伐假冒产品的决心不可谓不大，但实际收效却不尽如人意。（《人民日报》1996 年 12 月）

（366）我在柏定顿车站对他喊道："恕我直言，你肯定是去牛津面试的。"（CCL 网络语料）

（367）王仲民开门见山地说："英明，恕我直言，你的处境相当不妙。"（柳建伟《突出重围》）

（368）申大夫："恕我直言，你们为何不结为夫妻？我看你们两人非常相配。"（电视剧《孙子兵法与三十六计》）

（369）恕我直言，何先生您现在只有一条路了：想出更多更好的点子，为民做更多更好的事情。（CCL 1994 年报刊精选 07）

（370）艾卡扬了扬眉毛，"确实是一个有趣的计划，主人，那些牧师必定可以帮助塔克西丝回到这里。但是这对我有什么好处？恕我直言，我效忠的不是母亲，而是她的儿子。我的忠诚只是出于魔法，而且它只来源于您。"（崔西·西克曼《龙枪》）

（371）恕我直言，其实，迪尔森自己在一九五九年的著作中就犯有这种错误。（CCL 读书 Vol-032）

（372）记者：恕我直言，你对胡里奥的爱又如何呢？（CCL 1994 年报刊精选 01）

（373）禽滑："恕我直言，孙先生双腿如此无力，以后如何征战疆场？"（电视剧《孙子兵法与三十六计》）

例（364）中，言语主体在谈到南昌时评价不是太高，为了不使自己给出的负面评价显得不礼貌，就用"恕我直言"来抵消自己话语的负面效果，使话语内容更容易被接受。例（364）和例（365）中的"恕我直言"都引出言语主体对事物的负面评价。例（366）和例（367）中的"恕我直言"引出的则是言语主体对对方境况的判断。例（368）和例（369）中"恕我直言"引出的是言语主体的建议。例（370）和例（371）引出的是言语主体对实际情况的描述，而实际情况可能对对方的面子造成伤害，或对方可能不乐意接受，"恕我直言"的作用就是缓和语气，使对方更认同自己所描述的实际情况。例（372）和例（373）中"恕我直言"用在对对方的直接提问，而这一提问可能是对方不愿意回答的，或者会使对方有受到冒犯的感觉，"恕我直言"作为维护面子标记可以对对方的面子进行补救，获得对方情感上的认同从而愿意回答言语主体的问题。

与"恕我直言"类似的维护面子标记有："有句话不知当讲不当讲""斗胆说一句"和"冒昧地说一句"。"有句话不知当讲不当讲"做维护面子标记，帮助言语主体传达对对方的尊重，避免威胁到对方的面子，如例（374）。使用"斗胆说一句"和"冒昧地说一句"，言语主体放低自己的姿态，抬高对方的身份，从而维护对方的面子，达到获取对方认同的目的，如例（375）和例（376）。

(374) 有句话不知当讲不当讲，公司照这样经营下去会赢利吗？（自拟）

　　(375) 斗胆说一句，您可能没有真正看懂这本书。（自拟）

　　(376) 我冒昧地说一句，尽管我没有看过他的画，因而谈不出任何意见，但我并不认为威廉皇帝应该克制对他的一贯仇恨，威廉皇帝是绝顶聪明的人。（马塞尔·普鲁斯特《追忆逝水年华》）

2. 其他维护面子分析
(1) "X 的话"

这组标记包括：（如果）可以的话、（你）方便的话、（如果）（你）不介意的话、（如果）（要是）你愿意的话等。"的话"一般认为表示假设语气（《现代汉语词典》第 7 版），在话语中可以做话题标记（江蓝生 2004）。我们从"新言语行为分析"的角度认为这几个带有"的话"的短语可以用作言语行为标记，一般用于在做事情之前征求对方的意见，是一种礼貌的表达方法，可以缓和言语主体说话时的语气，容易得到对方的理解与认同，从而利于实现言语主体的交际意图。如下面的例句所示：

　　(377) 吃过饭，他吞吞吐吐地请求："梁教师，如果，如果可以的话，我想……我想住在你家……只住一宿。明天的火车票我都买好了。一早就走……"（CCL 网络语料）

　　(378) 你虽然独斗国民党，但得道多助，一定有不少人从旁帮助你，不然你也不会那么神通广大，如果方便的话，可以透露一些这方面的资料吗？（《李敖对话录》）

　　(379) 你不介意的话，我来陪你住一阵。我反正没事，可以照顾你，你可以专心工作。（《作家文摘》1994A）

　　(380) 我们需要的人手差不多都已经有了。不过如果你愿意的话，我想我可以找到一些事情的。（西奥多·德莱赛《嘉莉妹妹》）

　　(381) 其实回家兜个圈子就可以再来，要是你愿意的话。（亦舒《异乡人》）

(2) "不是我说你""不是我批评你"
关于"不是我说你"，郝琳（2009）认为其是语用标记，有批评、劝说、建议等功能。乐耀（2011）认为它可以对后续话语进行强调，唤起对方对后续话语的注意，表明话主的态度。潘先军（2013）认为它作为话语标记的主要功能是缓和语气。唐雪凝、张金圈（2016）认为它的主要功能是面子补救。

我们认为，"不是我说你"里面的"说"具有批评的意思，"不是我说你"有两种理解："不是我——说你"和"不是——我说你"。"不是我——说你"，通过否认"批评"的言语主体"我"来弱化"我"对对方批评的语气，听起来好像是别人在批评，而"我"没有在批评对方，这是一种缓和的语言策略，但它的功能没变，仍然是用来表达批评。"不是——我说你"，是对"我说你""我批评你"的否定，意思是"我不是在批评你""我没有批评你"，实际上，它后面的话语就是对对方的批评，所以它同样具有缓和语气的功能。我们认为，这一表达式是一种委婉的、礼貌的表达，言语主体在批评对方，但为了不使自己的批评被对方排斥，或者使自己的批评更容易被对方认同和接受，就用这一表达式使自己的批评听起来语气更缓和。例如：

（382）朱海鹏苦笑着说："妈，这要比你说的复杂得多。我，我咋对你说哩。"老太太说："这忠孝节义仁，做人不可不讲。不是我说你，你这方面太差把火。这老司令和方姑娘，那是咱家的大恩人。以后凡遇事，都要让他们。听见没有？"（柳建伟《突出重围》）

（383）不是我说你，林生，你也一把年纪了，怎么还能不分好歹见食就吞——被人钓住了吧？（王朔《我是你爸爸》）

（384）老赵呀，不是我批评你，几个群众闹事，你不劝阻，还在后面起什么哄呢？（《作家文摘》1996A）

（385）这有什么不好意思的，都这么大人了。慧芳，不是我批评你，你这人虚荣心太强，在班上你就盛气凌人，只许你帮助别人，不许别人帮助你……（王朔《刘慧芳》）

以上例子中，"不是我说你""不是我批评你"后面明显就是批评的内容，但使用"不是我说你"之后，批评的语气就没有那么强了，也更容易被接受。

第四节 寻求行为回应标记

寻求行为回应标记是言语主体用来寻求对方在行为上对自己的话语进行回应的言语行为标记，带有这类标记的言语行为一般会产生言后行为，即促使对方在行为上对言语主体的言说内容做出反应。通过对语料的分析，按照言语主体所寻求的行为的类型，我们把寻求行为回应标记分为：建议标记、批评标记和警告标记，如图12所示：

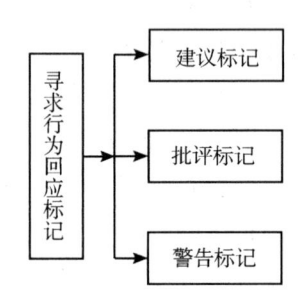

图12 寻求行为回应标记的分类

一 建议标记

建议标记包括：这么的、这么的吧、这么着、这么着吧、这么着得了、这样、这样吧、要不这样等。

卢英顺（2012）认为"这样吧"在话语中具有建议功能和话语衔接功能。我们认为"这么的""这么的吧""这么着""这么着吧""这么着得了""这样""这样吧""要不这样"这组表达式意义和功能相似，都可以表达言语主体的建议，所以我们把它们叫作建议标记。

我们以"这么着"为关键词在CCL语料库检索系统里进行搜索，共得到172条结果，然后按照言语行为标记的定义标准对结果进行筛选，得到"这么着"可以做言语行为标记的语料44条。我们发现，"这么着"做言语行为标记的核心功能就是给对方提供建议，希望对方按照自己的建议来行事，但它可以有不同的变体，如"那这么着""要不这么着""要不我看这么着""这么着吧""这么着得了"等。举例如下：

（386）"这么着，"他越来越显得热情，"我们先不画画了，找个地方聊聊怎么样？"（《中国北漂艺人生存实录》）

（387）那这么着，你可以住下去，住多长时间都成。（电视剧《北京人在纽约》）

（388）拉拉想了想说："要不这么着，我跟你说个典故。"（李可《杜拉拉升职记》）

（389）要不我看这么着，让你小枫姐带着当当去姥姥家住。（电视剧《中国式离婚》）

（390）这么着吧，你先去中间试试，若是实在不行，我再给刘魁胜说说，调调地方。（冯志《敌后武工队》）

（391）"这么着得了，"她真急了，可是又有点无可如何他的样子，脸上既非哭，又非笑，那么十分焦躁而无法尽量的发作。"咱们买两辆车赁出去，你在家里吃车份儿行不行？行不行？"（老舍《骆驼祥子》）

这些标记一般具有独立的语调单位和句法结构，与意图性言语子行为是分离的。它们主要用于引出言语主体的建议，以寻求对方对自己的建议在行为上的回应。作为意图性言语子行为的支持性成分，它们可以从话语中省略，不影响话语的命题意义和言语行为意图的表达。

这些标记的意义存在细微的差别，其中，"这么着得了"在有的语境里会有不耐烦或强迫别人接受的语气。"要不这样"可以和"这么的""这么着"一样用于给对方提供意见，也可以用在对方不同意做某事，或没有更好的选择时，言语主体提供一种建议，作为替代的选择。

二 批评标记

批评标记是引出批评言语行为并希望对方接受批评并改正的言语行为标记，言语主体使用批评标记的目的是表达对对方行为的不满，寻求对方纠正自己的行为。这些标记本身可能并没有批评的意思，但是在一定语境中可以标记批评性言语行为。批评标记包括：你说（说）你、你看（看）你、你瞧（瞧）你等。

关于"你说你""你看你"这一类标记已经有很多研究。李宗江（2009）认为"看你"类话语标记的语用意义可以概括为"提示对方注意自己言语或行为的不当之处"。郑娟曼、张先亮（2009）认为"你看你"是"责怪"式话语标记。杨江（2016）认为"你说你"具有话语提示、话题转接和话题评述三种话语功能，话题评述即"你说你"标示说话人对听话人言行的否定和责怪是其核心功能。可以看出，目前比较一致的观点是认为这一类标记具有责怪、批评的功能。

我们利用CCL语料库检索系统对"你看你"进行检索，共检索到70条结果，筛选出符合言语行为标记用法的64条，然后对"你看你"在这些语料中的功能进行分析。

分析结果显示："你看你"在不同的语境中可以具有批评、嗔怪和加强语气等功能，根据对现有语料分析得出的各功能占比情况如表9所示：

表9　　　　　言语行为标记"你看你"的功能分布

标记＼功能	批评	嗔怪	加强语气
数量	54	8	2
占比	84.4%	12.5%	3.1%

这一结果证实了已有的研究结果，即"你看你"的核心功能是责怪、批评，同时我们还发现在某些语境里"你看你"可以具有嗔怪和加强语气的功能。举例如下：

（392）你看你，李大哥来了，你也不请人家到屋里坐，却像个呆子般站在门口，也不怕人家看了笑话么？（古龙《小李飞刀》）

（393）你看你，人家个姑娘，当着那么多的人敢应承是你对象。你还要咋？（张石山《镢柄韩宝山》）

（394）你看你，这么客气干什么？顾雅仙伴嗔道，我让你别送礼，你还是送了，反倒让我难办了。（苏童《另一种妇女生活》）

（395）林仙儿拍着胸口，妖笑道："你看你，差点把我的魂都吓飞了。"（古龙《小李飞刀》）

（396）李德把烟卷一扔生气地说："你看你，连抽烟都不肯同我对火，还不是对我有看法，要同我划清界限！"（卢弘《"太上皇"洋顾问李德离开中国之后》）

(397) 前些日子，当他告诉她，自己马上要当局长时，她也曾高兴过一阵，而且是由衷地高兴。她说过："你看你，也没争，也没抢，局长的桂冠就加在你头上了。"（谌容《减去十岁》）

例（392）和例（393）中，"你看你"用来对对方进行批评。例（394）和例（395）中的"你看你"表示嗔怪，是语气比较轻的批评。例（396）的"你看你"用来加强言语主体生气、不满的语气，而例（397）中的"你看你"则是用来加强言语主体高兴的语气。在以上例句中，"你看你"都可以省略，不会影响话语的命题意义和言语主体意图的表达。

"你说你""你瞧你"在话语中有相似的意义和功能，但当动词"说""看""瞧"重叠之后，这些标记的责怪语气会更加明显，如下面几例所示：

(398) "你放开我，放开我！"她不屈地威胁我，接着叫了一声，"你把我拧疼了。""我放开你那你别闹了。"她不吭声，我侧脸一瞧，她哭了，连忙松开手。"你说你，非把自己弄哭了才算完。"（王朔《过把瘾就死》）

(399) 你们这叫什么？叫饮鸩止渴！你说说你，渴了不去找水，喝敌敌畏！虽然解了一时之渴，等药性发作，你们俩都得歇菜！（电视剧《新结婚时代》）

(400) 人是会变的嘛。你那时候挺帅的！你看看你，现在变成这个德行！（电影《少林足球》）

(401) 你瞧你，非得把这事弄得满城风雨，全院都知道。（王朔《过把瘾就死》）

(402) 你瞧瞧你，像什么样子？你平时对谁都这么无礼么？对领导也采取这种态度？（王朔《懵然无知》）

三 警告标记

警告标记是言语主体实施警告行为时用来对警告性意图进行支持并希望对方采取相应行动的言语行为标记。言语主体用这些标记提示听话人言语主体将要对他（她）提出警告，从而促使听话人采取相应的行动。警告标记包括：我把丑话说在前面、我把丑话说在前头、咱可把话说在前头、我把话说前面、我把话说前头、我把话搁这儿、我把话撂在这里、告诉你、我告诉你、我可告诉你等。

1. 典型案例分析

"我可告诉你"

董秀芳（2010）认为"我告诉你"具有强调的意义，具体功能包括：提供或重申重要信息、指令、警告和提醒等。王恩旭（2018）认为"告诉你"具有"告知、重申、提醒、命令、警告等功能"。二者都把"警告"功能列在了后面，当然这些标记在不同的语境中具有很多不同的功能，"警告"只是其中的一种，可能并不是主要的功能。相比"告诉你"和"我告诉你"，"我可告诉你"的警告语气更强。

我们利用 CCL 和 BCC 语料库检索系统对"我可告诉你"进行检索，分别得到检索结果 33 条和 22 条，共 55 条，然后对"我可告诉你"在这些语料中的功能进行分析。

分析结果显示："我可告诉你"在不同的语境中可以具有警告、提醒、强调等功能，各功能的占比情况如表 10 所示：

表 10　　言语行为标记"我可告诉你"的功能分布

标记＼功能	警告	提醒	强调
数量	27	16	12
占比	49.1%	29.1%	21.8%

从表 10 可以看出，"我可告诉你"的核心功能是警告。它在话语中一般做独立成分，引出后面的警告、提醒、强调等言语行为，促进言语主体与言语交际对象之间的互动。举例如下：

(403) 我可告诉你，既然要我带你们去，那可都得听我的，到了那儿谁也别乱说乱动。（张平《十面埋伏》）

(404) 我可告诉你，把自己的舌头好好管着！钱儿多得流油儿，你可得好好想想从哪儿来的！（冯苓植《猫腻》）

(405) 爸昨儿受了一惊，你们也都知道，我可告诉你们，今儿我这事，谁也别往外说啊，只当什么事也没有。（陈建功《皇城根》）

（406）翠姑娘，我可告诉你，我们得赶快让东家走，再晚就怕走不掉了！（电视剧《乔家大院》）

（407）"怎么，你不相信会有这一天？"

"不，我相信。"

"那就对了，不过，我可告诉你，从今以后不准再胡思乱想，知道吗？"

廖小珍命令式地说，徐晓吟点点头。（陈锐《寒春》）

（408）我可告诉你，弟妹也好，几个侄子也好，都对你有意见，说你太自私！（刘震云《官场》）

例（403）和例（404）中，"我可告诉你"具有警告功能，强化后面的警告言语行为。例（405）和例（406）中的"我可告诉你"是提醒标记，用来提醒对方采取适当的行为。例（407）和例（408）中，"我可告诉你"的主要功能是强调，是对后面话语命题内容的强调，让对方重视言语主体所说内容。以上几例中，言语行为标记"我可告诉你"可以省略，不会影响话语的命题内容。

"告诉你"和"我告诉你"也可以做警告标记，对之后的警告言语行为起到支持作用，如下面两例：

（409）季宗布坦然地边吃边说："你甭俩小眼儿吧嗒吧嗒地瞪着我，我知道你心里想的是什么！"景琦终于说话了："想什么？""你满脑子想的都是弄个什么招儿把我给治喽！告诉你，死了这个心！想治我？你还小点儿，来！"（电视剧《大宅门》）

（410）我一说你就往外跑，我告诉你，今儿不把话说明白了，你甭走！（电视剧《金婚》）

例（409）中，季宗布对景琦不满，认为景琦总想着治他，"告诉你"就是做警告标记，后面是警告的内容，希望景琦不再产生治他的念头。例（410）中的"我告诉你"同样具有警告功能。

2. 其他警告标记分析

"我把丑话说在前面"类表达式

此类标记包括："我把丑话说在前面""我把丑话说在前头""咱可

把话说在前头""我把话说前面""我把话说前头""我把话搁这儿""我把话撂在这里"等。这些标记用在对别人进行警告的语境，明示后面的话语内容是对方可能不愿接受的，它们的功能是警告前明示对方，让其重视言语主体的话语内容，从而采取相应的行为。但它们所表达的警告程度还是有差别的，"咱可把话说在前头""我把话说前面""我把话说前头"有跟对方坦诚交流的意味，警告程度最轻，"我把丑话说在前面""我把丑话说在前头"具有明显的警告意义，而"我把话搁这儿""我把话撂在这里"不仅有警告的意味，有时甚至带有威胁的语气。举例如下：

（411）平时大家都忙难得有闲坐在一起，说这种动感情的话也不大好意思，一家人谁不明白谁？还用说什么？但今天我要硬着头皮说一通。建设，<u>我把丑话说在前面</u>，以前的事，我们一笔抹去：没有！但从今以后，如果让我抓到了证据，我就对不起你了。（池莉《你以为你是谁》）

（412）这是一局必赢的赌局，我也没什么难过的，难过的该是老鬼，等明天我们把老k等人一网打尽，我就不相信你还能藏下去。<u>我把丑话说在前头</u>，那时候我要杀你全家，这就是罚酒，就是你不肯自首的代价。（麦家《风声》）

（413）"咱可把话说在前头。"白度双手拿包一步从车上下来，仰脸看着小伙子。"你要把我们扔在这儿，那十块钱我们也不给了。"（王朔《千万别把我当人》）

（414）<u>我把话说前面（头）</u>，这事办不好可别怪我。（自拟）

（415）你们是不是把双弘村当成殖民地了？<u>我把话搁这儿</u>，要推地，可以，马上依法办事，满足我们提出的要求。（杨银波《中国的主人》）

（416）现如今我大哥停丧在家，<u>我把话撂在这里</u>，三七之内，谁也不准再到我们家来闹；谁要敢再闹，我就翻脸不认人！（电视剧《乔家大院》）

以上例子中的标记都具有警告功能，警告语气的强弱由它们自身的语义和所在的具体语境决定，它们用来通过警告的方式索取对方相应的行为，促使对方去做某些事情或不去做某些事情，从而实现言语主体的交际意图。

第五节 小结

本章讨论了人际支持性言语行为标记的第三种类型：求应标记，根据其具体的功能对这些标记进行了分类和描写。在对已有研究进行总结、对言语主体寻求的可能标的物进行假设和对所收集语料进行分析的基础上，我们从寻求言语交际对象的注意、观点、情感和行为四个角度把求应标记分为：寻求注意标记、寻求观点标记、寻求情感认同标记和寻求行为回应标记。其中，按照言语主体寻求认同的不同方式，我们把寻求情感认同标记又进一步分为：拉近距离标记和维护面子标记；按照寻求行为的类型，我们把寻求行为回应标记分为：建议标记、批评标记和警告标记。求应标记的总体分类如图 13 所示：

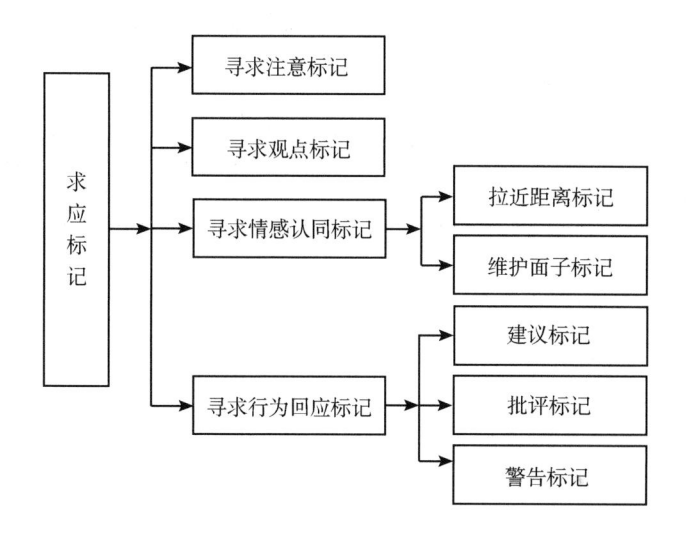

图 13　求应标记的总体分类

求应标记的具体分类如表 11 所示：

表 11　　　　　　　　求应标记的具体分类

总类	一级分类	二级分类	
求应标记	寻求注意标记		我跟你讲（说）、我告诉你、我说、你猜怎么着、（你）要知道
	寻求观点标记		你说、你说说、你说说看、依你看、在你看来

续表

总类	一级分类	二级分类	
求应标记	寻求情感认同标记	拉近距离标记	你知道、你想、你想想、你想想看、我们说、我们讲、我们知道、大家知道、你比方说、你比如说、你譬如说、你像、对吧、对不、对不对、是吧、是不、是不是、不瞒你说、实不相瞒、说实在的、说实话、说句实话、说句实在话、讲老实话、说真的、说句心里话、说句真心话、说句良心话、凭良心说、平心而论、从内心来讲
		维护面子标记	恕我直言、有句话不知当讲不当讲、斗胆说一句、冒昧地说一句、（如果）可以的话、（你）方便的话、（如果）（你）不介意的话、（如果）（要是）你愿意的话、不是我说你、不是我批评你
	寻求行为回应标记	建议标记	这么的、这么的吧、这么着、这么着吧、这么着得了、这样、这样吧、要不这样
		批评标记	你说（说）你、你看（看）你、你瞧（瞧）你
		警告标记	我把丑话说在前面、我把丑话说在前头、咱可把话说在前头、我把话说前面、我把话说前头、我把话搁这儿、我把话撂在这里、告诉你、我告诉你、我可告诉你

第七章

结论和余论

第一节 结论

本研究利用语言元功能理论和"新言语行为分析"的理论框架对"人际支持性"言语行为标记(以往研究中具有人际功能的话语标记、语用标记或元话语标记)进行分析,构建了"人际支持性"言语行为标记的功能类别和整体分析框架。

要探讨"人际支持性"言语行为标记的功能类别,首先要界定什么是言语行为标记和"人际支持性"言语行为标记,所以我们在第二章对言语行为标记的理论基础——语言元功能理论和"新言语行为分析"进行了介绍。语言元功能理论认为语言同时具有概念、语篇和人际功能。"新言语行为分析"认为一个完整的言语行为是由意图性言语子行为和支持性言语子行为构成的,支持性言语子行为并不直接表达言语行为的意图,而是对直接表达意图的部分在概念、语篇和人际功能三个方面进行支持。

据此我们初步给出了言语行为标记的定义:在言语行为过程中,不直接表达言语行为的意图,只帮助言语主体意图的表达,对意图的实现起支持作用的语言成分(词、短语或小句),进而给出"人际支持性"言语行为标记的定义:言语主体在实施言语行为过程中所使用的不直接表达交际意图,而是用来表达自己的情感、态度以及促进交际双方的互动以帮助实现言语主体交际意图的语言手段。然后对"人际支持性"言语行为标记的特点进行了描述,即:它们通常由词、短语和小句构成,一般独立于意图性言语子行为,本身可能具有概念意义,但对表达意图的话语部分的命题意义没有贡献。

在此定义的基础上，根据言语主体与言语交际对象所进行的互动的方式或信息传递的方式，我们初步构建了"人际支持性"言语行为标记的分析框架，从总体上把"人际支持性"言语行为标记分为宣示标记、回应标记和求应标记，并把所搜集的具有人际意义的言语行为标记依据其主要功能分别划归到这三个类别下面。

在分别对三类标记功能的分析中，我们利用CCL、MLC和BCC等语料库的检索系统对这些标记进行检索、分析，并结合已有相关研究的结果，借鉴前人的分类标准，把宣示标记从总体上分为情感宣示标记和观点宣示标记，进而把观点宣示标记分为判断标记、推论标记、评价标记、强调标记、言说方式标记和认识立场标记。把回应标记分为肯定标记、否定标记、修正标记和解释标记。把求应标记分为：寻求注意标记、寻求观点标记、寻求情感认同标记和寻求行为回应标记，其中，寻求情感认同标记进一步分为：拉近距离标记和维护面子标记；寻求行为回应标记进一步分为：建议标记、批评标记和警告标记。由此，我们构建出对"人际支持性"言语行为标记功能的完整的分析框架如图14所示。

这一结果可以让我们对"人际支持性"言语行为标记的功能有一个系统、连贯的认识，提供一个新的思路来解决长期以来学界对这一语言成分的研究缺乏统一的理论模型、术语使用混乱、功能认识不清等问题。我们以"新言语行为分析"为理论模型，把这些语言成分统一称为"言语行为标记"，把支持性言语行为标记分为概念支持性、人际支持性和语篇支持性三种类型，其中"概念支持性"言语行为标记对言语行为意图性部分话语的命题意义提供成立的来源和条件，"人际支持性"言语行为标记表达主观性和互动性，促进言语主体意图的实现，"语篇支持性"言语行为标记促进话语的连贯，帮助言语主体意图的实现。"人际支持性"言语行为标记和"语篇支持性"言语行为标记有相对比较清晰的界限，分别在主观性表达、人际互动和语篇连贯方面对言语主体意图的实现起到支持作用，它们分别相当于以往研究中帮助实现语用功能的语用标记和帮助实现话语连贯的话语标记。这样，我们也解决了学界长期以来对话语标记和语用标记功能认识不清、术语使用混乱的问题。

人际支持性言语行为标记的具体分类如表12所示：

第七章 结论和余论

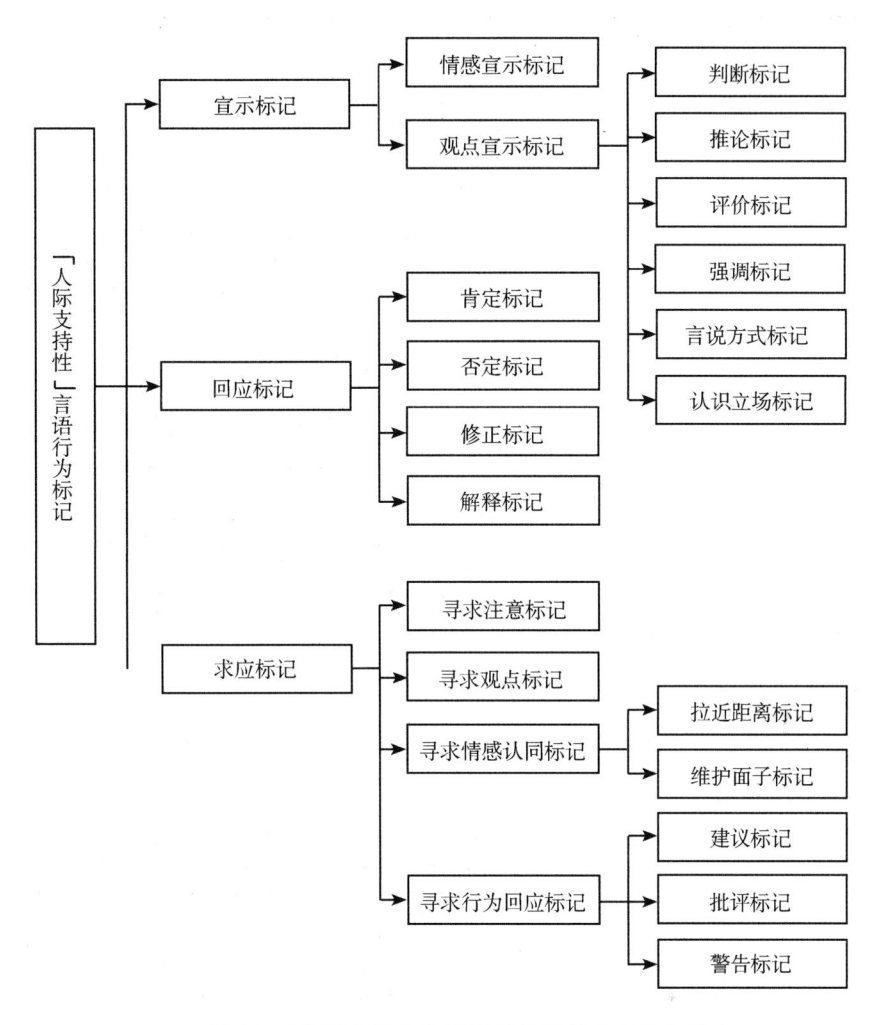

图14 "人际支持性"言语行为标记的总体分类

表12 "人际支持性"言语行为标记的具体分类

总类	一级分类	二级分类	三级分类	标记
"人际支持性"言语行为标记	宣示标记		情感宣示标记	真是（的）、我（就）说嘛、我说什么来着、敢情、（你）别看、好家伙、好嘛（么）、你说说、你瞅瞅、你看看、你瞧瞧、乖乖、合着

续表

总类	一级分类	二级分类	三级分类	标记
"人际支持性"言语行为标记	宣示标记	观点宣示标记	判断标记	无疑（毫无疑问、毋庸置疑）、不用说（问）、不消说、不言而喻、显然、很明显、显而易见、明摆着、摆明了
			推论标记	看来、看似、看起来、看上去、看样子、看得出来、看这意思、瞅这意思、可见、由此可见、可知、由此可知、这么说、这么说来、这样说来、这样一来、这么一来
			评价标记	不巧（不巧的是、很不巧）、糟糕的是（更糟糕的是、最糟糕的是）、具有讽刺意味的是、可气的是（更可气的是）、可惜（可惜的是）、令人高兴的是、令人兴奋的是、所幸（的是）、要命的是（更要命的是、最要命的是）、让人伤心的是、让人生气的是、很遗憾、遗憾的是（令人遗憾的是）、有趣的是、值得一提的是（特别值得一提的是、尤其值得一提的是、更值得一提的是）、值得注意的是、（更）重要的是、主要是、关键（关键是、关键在于）
			强调标记	（你）（也）（还）（真）别说、其实、实际上、事实上、不可否认、的确（确实）、不能不说
			言说方式标记	坦率地讲（说）、坦白讲（说）、坦白地讲（说）、坦诚地讲（说）、干脆讲（说）（吧）、照直讲（说）吧、老实讲、老实说、老实说吧、实话实说、实在说、实话说、实事求是地说、公正地讲（说）、公平地讲（说）、客观地讲（说）、客观公正地讲（说）、客观来讲（说）、（毫）不客气地说、不夸张地说、说穿（白）了、说到底、说到家、说到头儿
			认识立场标记	我看、我想、我认为、我以为、我觉得（说）、我寻思、我琢磨、要我说、让我说、照我说、叫我说、依我说、依我看、在我看来、（我们）可以说、可以这么（样）说、应当（该）说

续表

总类	一级分类	二级分类	三级分类	标记
"人际支持性"言语行为标记	回应标记	肯定标记		可不（是）、就是、真是、的确、确实、是这样（的）、是这么回事
		否定标记		得、得了、得了吧、得了吧你、你得了、看（瞧）你说的、哪儿的话、哪里的话、哪儿呀、什么呀、拉倒吧（你）、拜托、真是
		修正标记		看（瞧）你说的、哪儿的话、哪里的话、哪儿呀、什么呀、拉倒吧（你）、拜托、不是、话不能这样说、话不是这样说的、好吧、好吗、好不好
		解释标记		是这样（的）、是这么回事、我是说、我的意思是（说）、这么说吧、就是说
	求应标记	寻求注意标记		我跟你讲（说）、我告诉你、我说、你猜怎么着、（你）要知道
		寻求观点标记		你说、你说说、你说说看、依你看、在你看来
		寻求情感认同标记	拉近距离标记	你知道、你想、你想想、你想想看、我们说、我们讲、我们知道、大家知道、你比方说、你比如说、你譬如说、像、对吧、对不、对不对、是吧、是不、是不是、不瞒你说、实不相瞒、说实在的、说实话、说句实话、说句实在话、讲老实话、说真的、说句心里话、说句真心话、说句良心话、凭良心说、平心而论、从内心来讲
			维护面子标记	恕我直言、有句话不知当讲不当讲、斗胆说一句、冒昧地说一句、（如果）可以的话、（你）方便的话、（如果）（你）不介意的话、（如果）（要是）你愿意的话、不是我说你、不是我批评你
		寻求行为回应标记	建议标记	这么的、这么的吧、这么着、这么着吧、这么着得了、这样、这样吧、要不这样
			批评标记	你说（说）你、你看（看）你、你瞧（瞧）你
			警告标记	我把丑话说在前面、我把丑话说在前头、咱可把话说在前头、我把话说前面、我把话说前头、我把话搁这儿、我把话撂在这里、告诉你、我告诉你、我可告诉你

最后，我们通过对"人际支持性"言语行为标记的探讨进一步完善了言语行为的意图结构这一工具性范畴，发展了"新言语行为分析"的理论体系。把我们的研究与之前"新言语行为分析"的理论体系和分析

框架连接起来就形成了图 15 的分析框架图：

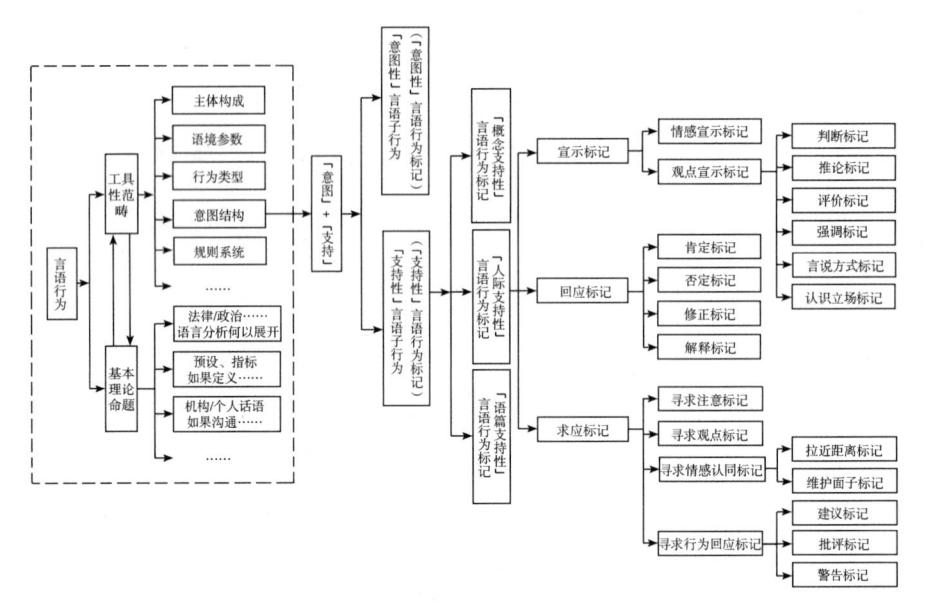

图 15 本书对"新言语行为分析"理论框架的发展

当然，本书还存在一定的不足。首先，语料一般来源于人们在日常生活中对这些标记性成分的使用，它们在使用中获得的用法和功能是很多的，本书使用的主要是北京大学现代汉语语料库（CCL）、中国传媒大学媒体语言语料库（MLC）以及北京语言大学语料库（BCC）所收录的语料，由于语料的限制，所以不能把每一个标记的所有功能都分析到。其次，在对三大类标记进行进一步的功能分类时，受语料和分析能力的限制，不可避免地会存在分类不够完整，分类框架不能覆盖所有标记类型的问题。再次，本书旨在构建"人际支持性"言语行为标记的整体框架，具体案例不可能特别详细，难以对具体案例做精深的、全面的研究。另外，很多标记在不同的语境里具有不同的功能，所以它们具有多功能性，但我们在分析时基本上是选取了每个标记的一种主要功能，对它们的多功能性分析不够。

所以，在今后的研究中，我们可以从以下方向进行努力：尽可能多地收集关于"人际支持性"言语行为标记的语料；分析每一个标记在不同语境中的功能，对具有多种功能的标记进行重点分析，呈现它们在人际功能框架内以及兼有人际功能和语篇功能、人际功能和概念功能的不同功能面貌；在此基础上，形成更加完善的"人际支持性"言语行为标记的理论分析框架和对单个标记具体功能的描写。

第二节 余论

本书中讨论的一些标记具有相同的核心词汇，往往可以由一个标记扩展为很多类似相关的标记，比如"说实话"可以扩展为"说句实话""说句实在话"，我们可以把言语行为标记的这种特点称为它的可扩展性。

言语行为标记是在言语使用过程中形成的一种功能性成分，它们的功能与言语主体的交际意图和它们使用的具体语境密切相关，它们可以在使用中不断演化和丰富。通常一些言语行为标记可以在之前或之后加上一些成分，成为相关的言语行为标记。扩展之后的言语行为标记可能与原来的标记具有相似的功能，比如"你说"可以扩展为"你说说""你说说看"，"你想"可以扩展为"你想想""你想想看"，它们都可以用于寻求对方的意见或情感上的认同；"别说"可以扩展为"真别说""还真别说""你还真别说"，都可以用于强调，同时又含有吃惊、意外的语气；"愿意的话"扩展为"你愿意的话""假如你愿意的话"，都可以用于缓和语气，寻求对方的认同。但有时扩展之后的标记与原来的标记相比在功能上可能会出现变化，形成功能不同的言语行为标记，比如"我说"一般在言语行为中发挥表明立场或寻求关注等人际功能，但扩展之后的"不是我说""也不是我说"和"也不是我说你"则用于对对方批评时缓和语气，获得对方的认同。

另外，在分析中我们发现人称代词在言语行为标记，特别是"人际支持性"言语行为标记中的作用非常重要。因为"人际支持性"言语行为标记体现言语主体的情感、态度或不同交际对象之间的互动，离不开表示言语主体的人称代词，所以很多言语行为标记都带有表示交际双方的人称代词"你""我"。如言语行为标记"你说"，可以在语篇层面起作用，在"你说，他这一走，不知道什么时候才能回来"中，"你说"可以理解为话题标记，提起了一个话题。"你说"也可以在人际互动方面起作用，比如我们上文提到的，它可以用作征询标记，如"你说，我该怎么办？""我说"可以用来提起一个话题，比如"我说，明天你还去不去上班？"中的"我说"就是话题标记，具有语篇功能，但我们同时也可以把它理解为寻求关注标记，具有人际功能。"你说""我说"之所以在话语中具有不同的功能，与它的重要组成成分"你""我"有直接关系，因为"你""我"涉及言语交际对象，它体现出言语主体与听话人之间的互动，在人际互动层面对言语行为标记的功能有着重要的影响。所以，人称代词（特别是第一人称和第二人称代词）对于言语行为标记（特别是"人际支持性"言语行为标记）功能的实现起到非常重要的作用。

参考文献

中文参考文献

［英］韩礼德（M. A. K. Halliday）：《功能语法导论》，彭宜维等译，外语教学与研究出版社 2010 年版。

北京大学中文系 1955·1957 级语言班：《现代汉语虚词例释》，商务印书馆 1996 年版。

曹爽：《话语解释标记"这么说吧"》，《广西师范大学学报（哲学社会科学版）》2014 年第 5 期。

曹秀玲、张磊：《"否则"类连词的语法化梯度及其表现》，《汉语学习》2009 年第 6 期。

曹秀玲：《从主谓结构到话语标记——"我/你 V"的语法化及相关问题》，《汉语学习》2010 年第 5 期。

曹秀玲：《汉语话语标记多视角研究》，中国社会科学出版社 2016 年版。

陈丽君：《话语标记"我给你说"的演变过程》，《浙江师范大学学报（社会科学版）》2010 年第 6 期。

陈睿：《基于少数民族预科汉语教学的现代汉语话语标记研究》，博士学位论文，吉林大学，2015 年。

陈振宇、朴珉秀：《话语标记"你看""我看"与现实情态》，《语言科学》2006 年第 2 期。

代丽丽：《构式"可不（是）"的话语标记功能及来源分析》，《现代语文》2018 年第 5 期。

邓瑶：《谈话语体中"你比如说"的话语功能探析》，《云南师范大学学报（对外汉语教学与研究版）》2011 年第 4 期。

董祥冬：《"真是"话语标记化及其衍生现象》，《兰州学刊》2009年第4期。

董秀芳：《词汇化与话语标记的形成》，《世界汉语教学》2007年第1期。

董秀芳：《来源于完整小句的话语标记"我告诉你"》，《语言科学》2010年第3期。

方梅：《自然口语中弱化连词的话语标记功能》，《中国语文》2000年第5期。

方梅：《疑问标记"是不是"的虚化——从疑问标记到话语—语用标记》，载沈家煊、吴福祥、马贝加主编《语法化与语法研究（二）》，商务印书馆2005年版。

方清明：《再论"真"与"真的"的语法意义与语用功能》，《汉语学习》2012年第5期。

方清明：《论汉语叙实性语用标记"实际上"——兼与"事实上、其实"比较》，《语言教学与研究》2013年第4期。

冯光武：《汉语语用标记语的语义、语用分析》，《现代外语》2004年第1期。

高增霞：《自然口语中的话语标记"回头"》，《中国社会科学院研究生院学报》2004年第1期。

高增霞：《自然口语中的话语标记"完了"》，《语文研究》2004年第4期。

管志斌：《"得了"的词汇化和语法化》，《汉语学习》2012年第2期。

郭娟：《汉语会话中反问应答衔接语的话语标记功能研究》，《西藏大学学报（社会科学版）》2012年第2期。

郭晓麟：《"真是的"负面评价功能探析》，《语言教学与研究》2015年第1期。

韩戈玲：《语用标记语：双边最佳交际》，博士学位论文，上海外国语大学，2005年。

韩戈玲：《语用标记语：双边最佳交际》，东南大学出版社2008年版。

韩蕾、刘焱：《话语标记"别说"》，《宁夏大学学报（人文社会科学版）》2007 年第 4 期。

郝琳：《语用标记语"不是我说你"》，《汉语学习》2009 年第 6 期。

郝玲：《交互式语境中"就是"的肯定立场标定功能研究》，《现代语文（语言研究版）》2017 年第 2 期。

侯国金：《语用含糊的标记等级和元语用意识》，《外国语（上海外国语大学学报）》2005 年第 1 期。

胡范铸：《从"修辞技巧"到"言语行为"——试论中国修辞学研究的语用学转向》，《修辞学习》2003 年第 1 期。

胡范铸：《汉语修辞学与语用学整合的需要、困难与途径》，《福建师范大学学报（哲学社会科学版）》2004 年第 6 期。

胡范铸：《基于"言语行为分析"的法律语言研究》，《华东师范大学学报（哲学社会科学版）》2005 年第 1 期。

胡范铸：《试论新闻言语行为的构成性规则》，《修辞学习》2006 年第 1 期。

胡范铸：《"言语主体"：语用学一个重要范畴的"日常语言"分析》，《华东师范大学学报（哲学社会科学版）》2009 年第 6 期。

胡范铸、陈佳璇、甘莅豪等：《"海量接受"下国家和机构形象修辞研究的方法设计——兼论构建"机构形象修辞学"和"实验修辞学"的可能》，《当代修辞学》2013 年第 4 期。

胡范铸：《幽默语言、谎言、法律语言、机构形象修辞、实验修辞学……研究的逻辑起点——基于"新言语行为分析"的思考》，《华东师范大学学报（哲学社会科学版）》2015 年第 6 期。

胡范铸：《语用研究的逻辑断裂与理论可能》，《外国语（上海外国语大学学报）》2017 年第 1 期。

胡壮麟、朱永生、张德禄：《系统功能语法概论》，湖南教育出版社 1989 年版。

胡壮麟、朱永生、张德禄、李战子：《系统功能语言学概论（修订本）》，北京大学出版社 2008 年版。

黄彩玉、谢红宇：《母语为俄语的学习者对汉语话语标记习得的文化迁移模式》，《外语学刊》2018 年第 4 期。

黄大网：《〈语用学〉杂志话语标记专辑（1998）介绍》，《当代语言学》2001 年第 2 期。

江蓝生：《跨层非短语结构"的话"的词汇化》，《中国语文》2004年第5期。

李秉震：《汉语话题标记的语义、语用功能研究》，博士学位论文，南开大学，2010年。

李成团：《话语标记语"嘛"的语用功能》，《现代外语》2008年第2期。

李丽娟：《动词"看""想""说""知道"为核心构成的话语标记研究》，博士学位论文，华中师范大学，2015年。

李凌：《话语标记语在会议口译中的重要性及翻译策略》，《河南大学学报（社会科学版）》2006年第5期。

李萌：《"得了/得了吧"语用功能及其演变》，《北方论丛》2016年第1期。

李民、陈新仁：《英语专业学生习得话语标记语WELL语用功能之实证研究》，《外语教学与研究》2007年第1期。

李巧兰：《英语学习者话语标记语语用石化现象初探——基于真实口语语料的调查分析》，《解放军外国语学院学报》2004年第3期。

李绍群：《"可见"的标记功能和语法化过程》，《西北大学学报（哲学社会科学版）》2012年第3期。

李思旭：《从词汇化、语法化看话语标记的形成——兼谈话语标记的来源问题》，《世界汉语教学》2012年第3期。

李先银：《基于自然口语的话语否定标记"真是"研究》，《语言教学与研究》2015年第3期。

李先银：《现代汉语话语否定标记研究》，世界图书出版公司2017年版。

李咸菊：《北京口语常用话语标记研究》，北京语言大学2008年版。

李咸菊：《北京话话语标记"是不是""是吧"探析》，《语言教学与研究》2009年第2期。

李小军：《表负面评价的语用省略——以构式"（×）真是（的）"和"这/那个+人名"为例》，《当代修辞学》2011年第4期。

李秀明：《汉语元话语标记研究》，博士学位论文，复旦大学，2006年。

李秀明：《汉语元话语标记语研究》，中国社会科学出版社2011

年版。

李勇忠：《语用标记与话语连贯》，《外语与外语教学》2003年第1期。

李勇忠、李春华：《话语标记与语用推理》，《国外外语教学》2004年第4期。

李战子：《话语的人际意义研究》，上海外语教育出版社2002年版。

李治平：《"瞧（看）你说的"话语标记分析》，《汉语学习》2011年第6期。

李治平：《现代汉语言说词语话语标记研究》，世界图书出版广东有限公司2015年版。

李宗江：《表达负面评价的语用标记"问题是"》，《中国语文》2008年第5期。

李宗江：《"看你"类话语标记分析》，《语言科学》2009年第3期。

李宗江：《"关键是"的篇章功能及其词汇化倾向》，《语文研究》2011年第2期。

李宗江：《"A的是"短语的特殊功能》，《汉语学习》2012年第4期。

李宗江：《近代汉语评价性语用标记及其向现代的演变》，《语言研究》2014年第1期。

李宗江：《近代汉语"推论"类语用标记及其演变》，《励耘语言学刊》2016年第1期。

李宗江：《关于"你+举例标记"等语符序列及其演变的性质》，载方梅、曹秀玲主编《互动语言学与汉语研究（第二辑）》，社会科学文献出版社2018年版。

李宗江：《近代汉语语用标记研究》，上海教育出版社2019年版。

李宗江、艾贵金：《近代汉语"释因"类语用标记及其演变》，《语言研究集刊》2016年第1期。

李宗江、王慧兰：《汉语新虚词》，上海教育出版社2011年版。

廖秋忠：《廖秋忠文集》，北京语言学院出版社1992年版。

刘丽艳：《作为话语标记语的"不是"》，《语言教学与研究》2005年第6期。

刘丽艳：《跨文化交际中话语标记的习得与误用》，《汉语学习》2006

年第 4 期。

刘丽艳：《话语标记"你知道"》，《中国语文》2006 年第 5 期。

刘丽艳：《汉语话语标记研究》，北京语言大学出版社 2011 年版。

刘琉：《从视觉性差异看"看来""看似"与"看样子"的异同》，《汉语学习》2011 年第 1 期。

刘欹：《"我说"的语义演变及其主观化》，《语文研究》2008 年第 3 期。

刘顺、殷相印：《"算了"的词汇化和语法化》，《语言研究》2010 年第 2 期。

刘焱：《反预期信息标记"别看"》，《汉语学习》2009 年第 4 期。

刘永华、高建平：《汉语口语中的话语标记"别说"》，《语言与翻译》2007 年第 2 期。

卢英顺：《"这样吧"的话语标记功能》，《当代修辞学》2012 年第 5 期。

吕叔湘：《现代汉语八百词（增订本）》，商务印书馆 2004 年版。

吕为光：《责怪义话语标记"我说什么来着"》，《汉语学报》2011 年第 3 期。

吕为光：《迟疑功能话语标记"怎么说呢"》，《汉语学报》2015 年第 3 期。

马萧：《话语标记语的语用功能与翻译》，《中国翻译》2003 年第 5 期。

孟琮：《口语里的"得"和"得了"》，《语言教学与研究》1986 年第 3 期。

孟雯：《现代汉语推论示证表达方式"看来"与"可见"的比较分析》，《华文教学与研究》2015 年第 2 期。

莫爱屏：《话语标记语的关联认知研究》，《语言与翻译》2004 年第 3 期。

潘先军：《"不是我说你"的话语标记化》，《内蒙古大学学报（哲学社会科学版）》2013 年第 1 期。

彭利贞：《现代汉语情态研究》，中国社会科学出版社 2007 年版。

渠默熙：《从语气词"得了"看评价系统的体现方式》，《北京第二外国语学院学报》2016 年第 6 期。

权彤、于国栋：《中日"知识优先"评价比较研究——以话语标记"我跟你讲"和"よ"为例》，《科学技术哲学研究》2014 年第 3 期。

冉永平：《话语标记语的语用学研究综述》，《外语研究》2000 年第 4 期。

冉永平：《言语交际中"吧"的语用功能及其语境顺应性特征》，《现代外语》2004 年第 4 期。

单谊：《话语标记语"你知道"的语用功能——从认知、心理和社交多角度考察》，《同济大学学报（社会科学版）》2014 年第 1 期。

沈家煊：《语言的"主观性"和"主观化"》，《外语教学与研究》2001 年第 4 期。

沈家煊：《不对称和标记论》，商务印书馆 2015 年版。

盛继艳：《也谈话语标记"你说"》，《汉语学习》2013 年第 3 期。

施仁娟：《基于元话语能力的汉语话语标记研究》，博士学位论文，华东师范大学，2014 年。

施伟伟：《现代汉语传信标记"X 说"研究》，博士学位论文，吉林大学，2017 年。

史金生、胡晓萍：《"就是"的话语标记功能及其语法化》，《汉语学习》2013 年第 4 期。

宋士侠：《"拜托"的语法化研究》，《语文建设》2014 年第 9 期。

宋秀平：《语用视角的汉语话语标记词"你知道"的功能》，《兰州学刊》2011 年第 4 期。

苏俊波：《"说真的"的话语功能》，《汉语学报》2014 年第 1 期。

孙炳文：《从关联视角看庭审互动中话语标记语的语用功能》，《当代修辞学》2015 年第 1 期。

孙利萍：《答语标记"可不是"的词汇化及其形成机制》，《宁夏大学学报（人文社会科学版）》2011 年第 1 期。

孙利萍：《坦言式语用标记"说×了"的语法化及语用功能——以"说白了"为例》，《语文研究》2014 年第 1 期。

孙利萍：《现代汉语言说类话语标记研究》，社会科学文献出版社 2017 年版。

唐斌：《话语标记语"其实"及其英译的语用功能探析》，《外语与外语教学》2007 年第 3 期。

唐善生、华丽亚：《"你别说"的演化脉络及修辞分析》，《当代修辞学》2011 年第 4 期。

唐雪凝、张金圈：《元语否定与"不是我说你"类话语标记的产生机制》，《当代修辞学》2016 年第 5 期。

天长：《"你"是多余的吗》，《咬文嚼字》2002 年第 12 期。

田婷：《自然会话中"其实"的话语标记功能及言者知识立场》，《汉语学习》2017 年第 4 期。

王恩旭：《话语标记"告诉你"的语义解释》，《汉语学习》2018 年第 2 期。

王长武：《现代汉语引述回应格式研究》，博士学位论文，上海师范大学，2016 年。

王凤兰、方清明：《论话语标记"这样一来"的语用功能》，《语言教学与研究》2015 年第 2 期。

王红斌：《汉语导游话语标记》，中国旅游出版社 2016 年版。

王蕊：《汉语"说"类言语行为标记研究》，博士学位论文，华东师范大学，2013 年。

王瑞：《莎剧中的话语标记及其翻译》，《外语教学》2008 年第 3 期。

王幼华：《"真是的"的语义倾向及其演变进程》，《语言教学与研究》2011 年第 1 期。

温锁林：《汉语口语中表示制止的祈使习用语》，《汉语学习》2008 年第 4 期。

吴德新：《"真是"的意义及其表达功能》，《宁夏大学学报（人文社会科学版）》2017 年第 1 期。

吴晓芳、殷树林：《说"那么"》，《福州大学学报（哲学社会科学版）》2012 年第 5 期。

席建国、刘冰：《语用标记语功能认知研究》，《浙江大学学报（人文社会科学版）》2008 年第 4 期。

夏历：《国内英汉话语标记语翻译研究 20 年》，《中国外语》2015 年第 4 期。

鲜丽霞：《话语标记"你说"的语境及其功能》，《四川师范大学学报（社会科学版）》2012 年第 5 期。

肖任飞、张芳：《熟语化的"（更）不用说"及相关用法》，《语言研究》2014 年第 1 期。

肖武云、曹群英：《话语标记语语用功能的认知分析》，《四川外语学院学报》2009 年第 1 期。

邢欣、白水振：《语篇衔接语的关联功能及语法化——以部分感观动词语法化构成的衔接语为例》，《汉语学习》2008 年第 3 期。

徐捷：《中国英语学习者话语标记语 you know 习得实证研究》，《外语教学理论与实践》2009 年第 3 期。

徐晶凝：《"这么说"试析》，《汉语学习》1998 年第 4 期。

徐晶凝：《现代汉语话语情态研究》，昆仑出版社 2008 年版。

徐赳赳：《现代汉语篇章语言学》，商务印书馆 2010 年版。

薛媛：《话语标记语及其在翻译中的语用充实》，《外语与外语教学》2003 年第 7 期。

杨江：《话语标记"你说你"》，《湖南科技大学学报（社会科学版）》2016 年第 4 期。

杨世登、刘凌子：《英语专业学生话语标记语 Like 习得初探》，《四川外语学院学报》2006 年第 4 期。

姚双云、姚小鹏：《自然口语中"就是"话语标记功能的浮现》，《世界汉语教学》2012 年第 1 期。

姚小鹏：《汉语副词连接功能研究》，博士学位论文，上海师范大学，2011 年。

姚尧：《"所 V""可 V"类评价性话语标记的话语功能与历时发展——兼论古汉语话语标记的两种来源》，《苏州大学学报（哲学社会科学版）》2015 年第 3 期。

殷树林：《话语标记的性质特征和定义》，《外语学刊》2012 年第 3 期。

殷树林：《现代汉语话语标记研究》，中国社会科学出版社 2012 年版。

殷树林、殷璐璐：《从真实会话语料看"知道"的用法——兼与陶红印先生商榷》，《湖南科技大学学报（社会科学版）》2017 年第 6 期。

殷志平：《固化短语"这样一来"的功能与用法》，《汉语学习》2015 年第 3 期。

尹海良：《自然会话中"我说"的语用标记功能》，《修辞学习》2009

年第 1 期。

尹海良:《自然口语中的话语标记"别说"》,《宁夏大学学报(人文社会科学版)》2009 年第 6 期。

于宝娟:《论话语标记语"这不""可不"》,《修辞学习》2009 年第 4 期。

于海飞:《话轮转换中的话语标记研究》,博士学位论文,山东大学,2006 年。

于轩竹:《试论坦言义构式"不瞒你说"》,《佳木斯职业学院学报》2017 年第 3 期。

余光武、姚瑶:《"好不好"的表达功能及其形成的语用解释》,《语言科学》2009 年第 6 期。

乐耀:《从语用的认知分析看"不是+NP+VP,+后续句"》,《暨南大学华文学院学报》2006 年第 3 期。

乐耀:《北京话中"你像"的话语功能及相关问题探析》,《中国语文》2010 年第 2 期。

乐耀:《从"不是我说你"类话语标记的形成看会话中主观性范畴与语用原则的互动》,《世界汉语教学》2011 年第 1 期。

张德岁:《话语标记"你想"的成因及其语用修辞功能》,《安徽大学学报(哲学社会科学版)》2009 年第 5 期。

张芳、肖任飞:《从"怎么说呢、这么说吧"看元认知态度的差异与融合》,《广西师范大学学报(哲学社会科学版)》2016 年第 2 期。

张金圈:《"别看"的连词化及话语标记功能的浮现》,《汉语学习》2016 年第 1 期。

张金圈、唐雪凝:《汉语中的认识立场标记"要我说"及相关格式》,《世界汉语教学》2013 年第 2 期。

张黎、袁萍、高一瑄:《汉语口语话语标记成分研究》,北京语言大学出版社 2017 年版。

张龙:《"好了"的语法化和主观化》,《汉语学习》2012 年第 2 期。

张斯文:《"好家伙"的叹词化》,《现代语文(语言研究版)》2017 年第 1 期。

张惟、高华:《自然会话中"就是"的话语功能与语法化研究》,《语言教学与研究》2012 年第 1 期。

张谊生：《"看起来"与"看上去"——兼论动趋式短语词汇化的机制与动因》，《世界汉语教学》2006年第3期。

赵玉荣：《自然会话叙事中主体间性的意义资源与认知识解模式》，《外语学刊》2014年第4期。

郑娟曼：《现代汉语贬抑性习语构式研究》，博士学位论文，暨南大学，2010年。

郑娟曼：《所言预期与所含预期——"我说呢、我说嘛、我说吧"的用法分析》，《中国语文》2018年第5期。

郑娟曼、张先亮：《"责怪"式话语标记"你看你"》，《世界汉语教学》2009年第2期。

钟玲、李治平：《自然口语中的话语标记"不瞒你说"》，《语文知识》2012年第2期。

周利芳：《内蒙古丰镇话的语气副词"管（兀）"和"敢情"》，《语文研究》2008年第4期。

周莉：《"别说"类语用标记来源探讨》，《汉语学报》2013年第2期。

周明强：《坦言性话语标记语用功能探析》，《当代修辞学》2013年第5期。

周明强：《断言类话语标记语的语用功能与认知特征》，《当代修辞学》2015年第6期。

周树江、王洪强：《论话语标记语的语法化机制》，《外语教学》2012年第5期。

朱红、关黑拽：《话语标记"我说什么来着"的功能及形成机制》，《新疆大学学报（哲学·人文社会科学版）》2016年第2期。

朱军、史沛沛：《"那什么"的话语功能》，《当代修辞学》2014年第1期。

英文参考文献

Abraham, Werner, "Discourse Marker = Discourse Particle = Thetical = Modal Particle? A Futile Comparison", In *Discourse Particles-Formal Approaches to Their Syntax and Semantics*, Josef Bayer & Volker Struckmeier (eds), pp. 241-280, Berlin: Mouton de Gruyter, 2017.

Abraham, Werner (ed.), *Discourse Particles: Descriptive and Theoretical Investigations on the Logical, Syntactic and Pragmatic Properties of Discourse Particles in German*, Amsterdam: Benjamins, 1991.

Aijmer, Karin, *English Discourse Particles: Evidence from a Corpus*, Amsterdam/Philadelphia: John Benjamins, 2002.

Aijmer, Karin, *Understanding Pragmatic Markers: A Variational Pragmatic Approach*, Edinburgh: Edinburgh University Press, 2013.

Austin, J. L., *How to Do Things with Words*, London: Oxford University Press, 1962.

Bazzanella, Carla, "Discourse Markers in Italian: Towards a Compositional Meaning", In *Approaches to Discourse Particles*, Kerstin Fischer (ed.), pp.449-464, Amsterdam: Elsevier, 2006.

Berman, R. A., "Introduction: Developing discourse stance in different text types and languages", Journal of Pragmatics, Vol.37, 2005, pp.105-124.

Biber, D., Johansson, S., Leech, G., Finegan, E. and Conrad, S., *The Longman Grammar of Spoken and Written English*, London: Longman, 1999.

Blakemore, Diane, *Semantic Constraints on Relevance*, Oxford: Blackwell, 1987.

Blakemore, Diane, "'So' as a Constraint on Relevance", In *Mental Representations: The Interface between Language and Reality*, Ruth M. Kempson (ed.), pp.183-195, Cambridge: Cambridge University Press, 1988.

Blakemore, Diane. *Relevance and Linguistic Meaning: The Semantics and Pragmatics of Discourse Markers*, Cambridge: Cambridge University Press, 2002.

Brinton, Laurel J., *Pragmatic Markers in English: Grammaticalization and Discourse Functions*, Berlin/New York: Mouton de Gruyter, 1996.

Brinton, Laurel J., *Comment Clauses in English: Syntactic Origins and Pragmatic Development*, Cambridge: Cambridge University Press, 2008.

Brown, P. & Levinson, S.C., *Politeness: Some Universals in Language Usage*, Cambridge: Cambridge University Press, 1987.

Bussmann, Hadumod, *Routledge Dictionary of Language and Linguistics*, London and New York: Routledge, 2006.

Conrad, S., &Biber, D., "Adverbial Marking of Stance in Speech and Writing", In *Evaluation in Text: Authorial Stance and the Construction of Discourse*, S. Hunston, & G. Thompson (eds.), pp. 56 – 73, Oxford: Oxford University Press, 2000.

Costăchescu, Adriana, "Discourse Markers and Discourse Relations: the French DM Quoi", In *Pragmatic Markers, Discourse Markers and Modal Particles*, Chiara Fedriani & Andrea Sansò (eds), pp.151–170, Amsterdam/Philadelphia: John Benjamins, 2017.

Couper-Kuhlen, Elizabeth & Selting, Margret, *Interactional Linguistics: Studying Language in Social Interaction*, Cambridge: Cambridge University Press, 2018.

Crible, L., "Towards an operational category of discourse markers: A defnition and its model", In *Pragmatic Markers, Discourse Markers and Modal Particles*, Chiara Fedriani & Andrea Sansò (eds), pp.99–124, Amsterdam/Philadelphia: John Benjamins, 2017.

Crismore, A., *Talking with Readers: Metadiscourse as Rhetorical Act*, New York: Peter Lang, 1989.

Diewald, Gabriele, "Discourse Particles and Modal Particles as Grammatical Elements", In *Approaches to Discourse Particles [Studies in Pragmatics 1]*, Kerstin Fischer (ed.), pp.403–425, Amsterdam: Elsevier, 2006.

Diewald, Gabriele, "Pragmaticalization (Defned) as Grammaticalization of Discourse Functions", *Linguistics*, Vol.49, 2013, pp.365–390.

Fairbanks, Brendan, *Ojibwe Discourse Markers*, Doctoral Dissertation, University of Minnesota, 2009.

Fedriani. C. &Sansò. A., "Pragmatic Markers, Discourse Markers and Modal Particles: What do we know and where do we go from here?" In *Pragmatic Markers, Discourse Markers and Modal Particles*, Chiara Fedriani & Andrea Sansò (eds), pp.1–36, Amsterdam/Philadelphia: John Benjamins, 2017.

Fischer, Kerstin, *From Cognitive Semantics to Lexical Pragmatics: The Functional Polysemy of Discourse Particles*, Berlin: Mouton de Gruyter, 2000.

Fischer, Kerstin (ed.), *Approaches to Discourse Particles [Studies in Pragmatics 1]*, Amsterdam: Elsevier, 2006.

Fraser, Bruce, "An Approach to Discourse Markers", *Journal of Pragmatics*, Vol.14, 1990, pp.383-395.

Fraser, Bruce, "Pragmatic Markers", *Pragmatics*, 1996, pp.167-190.

Fraser, Bruce, "What are Discourse Markers?" *Journal of Pragmatics*, Vol.31, 1999, pp.931-952.

Fraser, Bruce, "Towards a Theory of Discourse Markers", In *Approaches to Discourse Particles*, Kerstin Fischer (ed.), pp.189-204, Amsterdam: Elsevier, 2006.

Fraser, Bruce, "An Account of Discourse Markers", *International Review of Pragmatics*, Vol.1, 2009, pp.293-320.

Habermas, Jürgen, *Communication and the Evolution of Society*, Boston: Beacon Press, 1979.

Habermas, Jürgen, *The Theory of Communicative Action* (Volume 1), Boston: Beacon Press, 1984.

Halliday, M.A.K., *Introduction to Functional Grammar-Second Edition*, London: Arnold, 1994.

Halliday, M. A. K. & Hasan, R., *Cohesion in English*, London: Longman, 1976.

Hansen, Maj-Britt M., *The Function of Discourse Particles: A Study with Special Reference to Spoken French*, Amsterdam/Philadelphia: John Benjamins, 1998.

Hansen, Maj-Britt M., "A Dynamic Polysemy Approach to The Lexical Semantics of Discourse Markers (with an exemplary analysis of French toujours)", In *Approaches to Discourse Particles*, Kerstin Fischer (ed.), pp.21-41, Amsterdam: Elsevier, 2006.

Heine, Bernd, "On Discourse Markers: Grammaticalization, Pragmaticalization, or Something Else?", *Linguistics*, Vol.51, No.6, 2013, pp.1205-1247.

Hyland, Ken, "Disciplinary Interactions: Metadiscourse in L2 Postgraduate Writing", *Journal of Second Language Writing*, Vol.13, 2004, pp.133-151.

Hyland, Ken, *Metadiscourse: Exploring Interaction in Writing*, London and New York: Continuum, 2005.

Jucker & Ziv, *Discourse Markers: Descriptions and Theory*, Amsterdam/Philadelphia: John Benjamins, 1998.

Kroon, Caroline, *Discourse Particles in Latin: A Study of Nam, Enim, Autem, Vero, and At*, Amsterdam: J.C. Gieben, 1995.

Labov, William & David Fanshel, *Therapeutic Discourse: Psychotherapy as Conversation*, New York: Academic Press, 1977.

Leech, Geoffrey, *Principles of pragmatics*, London: Longman, 1983.

Leech, Geoffrey, *The Pragmatics of Politeness*, Oxford: Oxford University Press, 2014.

Levinson, Stephen, *Pragmatics*, Cambridge: Cambridge University Press, 1983.

Lewis, Diana, "A Discourse–Constructional Approach to the Emergence of Discourse Markers in English", *Linguistics*, Vol.49, No.2, 2011, pp.415-443.

Liu, Binmei, "Chinese Discourse Markers in Oral Speech of Mainland Mandarin Speakers", In *Proceedings of the 21st North American Conference on Chinese Linguistics (NACCL-21)*, Vol.2, Yun Xiao (ed.), pp. 358-374, Smithfeld, Rhode Island: Bryant University, 2009.

Lyons, John, *Semantics*, Vol. 2, Cambridge: Cambridge University Press, 1977.

Martin, J.R.& White, P.R.R., *The Language of Evaluation Appraisal in English*, New York: Palgrave Macmillan, 2005.

Maschler, Yael, "Emergent Projecting Constructions: the Case of Hebrew Yada ('Know')", *Studies in Language*, Vol.36, No.4, 2012, pp.785-47.

Maschler, Yael &Schiffrin, Deborah, "Discourse Markers: Language, Meaning, and Context", In *The Handbook of Discourse Analysis–Second edition, Volume I*, Deborah Tannen, Heidi E. Hamilton, & Deborah Schiffrin (eds), pp. 189-221, Malden, MA: Wiley Blackwell, 2015.

Ochs, E., "Linguistic resources for socializing humanity", In *Rethinking Linguistic Relativity*, J. J. Gumperz and S. C. Levinson (eds.), pp. 407-437, Cambridge: Cambridge University Press, 1996.

Ostman, Jan-Ola, *You Know: A Discourse Functional Approach*, Amsterdam/Philadelphia: John Benjamins, 1981.

Palmer, F.R., *Mood and Modality–Second Edition*, Cambridge: Cambridge University Press,2001.

Redeker, Gisela, "Ideational and Pragmatic Markers of Discourse Structure", *Journal of Pragmatics*, Vol.14,1990,pp.367-381.

Redeker,Gisela,"Linguistic Markers of Discourse Structure",*Linguistics*,Vol. 29,1991,pp.1139-1172.

Schiffrin, Deborah, *Discourse Markers*, Cambridge: Cambridge University Press,1987.

Schourup, Lawrence, *Common Discourse Particles in English Conversation*: *like*,*well*,*y'know*,New York:Garland,1985.

Schourup,Lawrence,"Discourse Markers",*Lingua*,Vol.107,1999,pp.227-265.

Searle, J. R., *Speech Acts*: *An Essay in the Philosophy of Language*, Cambridge:Cambridge University Press,1969.

Searle,J.R., "A Taxonomy of Illocutionary Acts", In*Language*, *Mind and Knowledge*, *Minnesota Studies in the Philosophy of Science*, Keith Gunderson (ed.),pp.344-369,Minneapolis:University of Minnesota Press,1975.

Searle,J.R., "A Classification of Illocutionary Acts", *Language in Society*, Vol.5,No.1,1976,pp.1-23.

Searle,J.R., *Expression and Meaning*: *Studies in the Theory of Speech Acts*, Cambridge:Cambridge University Press,1979.

Sperber, Dan & Wilson, Deirdre, *Relevance*: *communication and cognition*, Cambridge,MA:Harvard University Press,1986.

Squartini,M.,"Italian non-canonical negations as modal particles:Information state,polarity and mirativity", In *Pragmatic Markers*,*Discourse Markers and Modal Particles*,Chiara Fedriani & Andrea Sansò (eds),pp.203-228,Amsterdam/Philadelphia:John Benjamins,2017.

Vande Kopple, W.J., *Some Exploratory Discourse on Metadiscourse*, College Composition and Communication,Vol.36,1985,pp.82-93.

Williams,J.M.,*Style*:*Ten Lessons in Clarity and Grace*,Boston:Scott Foresman,1981.

Zwicky, Arnold M., "Clitics and particles", *Language*, Vol.61, 1985, pp. 283-305.